高井隆一

認知症鉄道事故裁判

閉じ込めなければ、罪ですか？

ブックマン社

高井良雄様ご遺族様

突然のお手紙をお許し下さい。

平成19年12月7日に弊社管内東海道線共和駅構内に人が立入り、快速列車に衝撃し列車が遅れるという事故が発生いたしました。
事故原因を調査したところ、高井良雄様が衝撃されたものと認められます。
謹んでお悔やみ申し上げます。

本件により弊社に別紙の通り損害が発生しておりますが、これまでに関係者の方より何ら連絡をいただけず今日に至っております。
今後の進め方などについて、ご遺族様と一度お話させていただきたいと存じますので、下記連絡先に電話をいただけないでしょうか。

よろしくお願いいたします。

平成20年5月19日
東海旅客鉄道株式会社　東海鉄道事業本部
管理総務課　法務担当：●田・●野
TEL052-●●●●●● FAX052-●●●●●●

関係箇所	損害額（円）	備考
名古屋信号通信区	12,262	・衝撃事故に伴う旅客対応に係る人件費 2名、延べ6時間10分　12,262円
名古屋電力区	31,528	・衝撃事故に伴う旅客対応に係る人件費 5名、延べ12時間10分　31,528円
豊橋運輸区	49,281	・衝撃事故に伴う旅客対応に係る人件費 11名、延べ15時間42分　49,281円
名古屋運輸区	49,691	・衝撃事故に伴う旅客対応に係る人件費 16名、延べ16時間2分　49,691円
大垣運輸区	164,830	・衝撃事故に伴う旅客対応に係る人件費 32名、延べ44時間8分　164,830円
美濃太田運輸区	7,357	・衝撃事故に伴う旅客対応に係る人件費 2名、延べ2時間5分　7,357円
名鉄線振替乗車	5,343,335	・名鉄線振替乗車に係る費用 21,948名　5,343,335円
乗車券払戻金	11,830	・運転見合わせによる乗車券払戻金 36枚　11,830円
その他	10,000	
合計	7,197,740円	

損　害　額　一　覧　表

関係箇所	損害額（円）	備考
豊橋駅	180,321	・衝撃事故に伴う旅客対応に係る人件費 延べ31名、延べ50時間55分　180,321円
蒲郡駅	19,529	・衝撃事故に伴う旅客対応に係る人件費 延べ2名、延べ4時間30分　19,529円
岡崎駅	80,668	・衝撃事故に伴う旅客対応に係る人件費 延べ14名、延べ26時間10分　80,668円
刈谷駅	56,149	・衝撃事故に伴う旅客対応に係る人件費 延べ5名、延べ14時間35分　56,149円
大府駅	123,379	・衝撃事故に伴う旅客対応に係る人件費 9名、延べ35時間30分　123,379円
半田駅	25,054	・衝撃事故に伴う旅客対応に係る人件費 3名、6時間5分　25,054円
金山駅	63,796	・衝撃事故に伴う旅客対応に係る人件費 9名、延べ23時間55分　63,796円
名古屋駅	393,569	・衝撃事故に伴う旅客対応に係る人件費 75名、延べ126時間8分　393,569円
尾張一宮駅	74,981	・衝撃事故に伴う旅客対応に係る人件費 12名、延べ37時間20分　74,981円
岐阜駅	227,454	・衝撃事故に伴う旅客対応に係る人件費 18名、延べ65時間25分　227,454円
大垣駅	178,107	・衝撃事故に伴う旅客対応に係る人件費 20名、延べ50時間10分　178,107円
名古屋保線区	94,619	・衝撃事故に伴う旅客対応に係る人件費 10名、延べ28時間25分　94,619円

認知症鉄道事故裁判　目次

はじめに　——ある日突然、巨大企業に訴えられたら

父は２０００（平成12）年、84歳の頃、認知症を発症しました。

冬が過ぎて季節が少しずつ暖かくなっていくことを三寒四温と言いますが、言動に全く問題ない状態のときと、少し変なことを言うときとが交互に現れ（いわゆる、まだらの状態）、行ったり来たりしながら症状は徐々に進んでいきました。

それでも父は、温和な性格は変わらず、最後まで私のことはわかっていました。もう50歳余になっていた私が帰宅すると喜んで、「おお、隆《りゅう》じゃないか。大学の授業は終わったのか」と笑顔で出迎え、明るく声を掛けてくれました。

私たち夫婦は横浜に住んでいましたので、２００２（平成14）年からは、私の妻が私と別居し、父母の近くに転居し介護に加わりました。父の認知症が進行してからは、週末には私も東京から応援に駆けつけ、ときどきは近くに住んでいた妹も顔を出すという体制で、家族総動員で一生懸命、父の介護をしてきました。

2007（平成19）年12月。その日、父は夕方いつもの通りデイサービスから自宅に帰りました。母と妻と三人でお茶を飲み、みかんを食べました。いつもと変わらぬ穏やかな団欒のひとときを過ごしていたのです。

その後、ふと家族が目を離した、ほんの6、7分の間に父は一人で外へ出て、そして再び家に帰ることはありませんでした。

7年間に及ぶ介護が突然終わりました。

当時の父の能力からして、どうして隣駅の構内の線路に降り立つことができたのか、全くわかりませんでした。

無残な死でした。無念の別れでした。父には本当に可哀想なことをしました。

その6ヵ月後、父を亡くした悲しみが少しずつ癒えてきた頃。

突然、〈配達記録付封書〉なるものが「ご遺族様」宛に届いたのです。送り主は〈JR東海〉とあります。青天の霹靂とでも言うべき出来事でした。そこから、損害賠償請求が始まり、訴訟が提起されました。JR東海の強い姿勢に翻弄され続けた、父の介護期間よりも長い、8年間に及ぶ裁判の始まりでした。

認知症だった人の行為に起因した損害賠償請求が裁判になるのは前例がないことだったので、どう闘えばいいのかさえ、よくわかりませんでした。法律的にもかなり困難な状況でした。そこで、私たちは弁護士の助言を受けながら、一個人として、手探りで模索しながら巨大企業と闘ってきました。

皆さんは信じられないかもしれませんが、父が亡くなったその日から、この原稿を書いている現時点まで、私は一度たりとも、JR東海の方と面談も話し合いもしていません。顔の見えない相手から、内容証明郵便が送りつけられるだけでした。

どうして、JR東海は私たち家族に対し、そこまで一方的かつ強気な対応ができたのでしょうか。どのような背景があって、どのような企業倫理に基づいて、こんな強硬な請求をしたのでしょうか。

「父は悪いことは何ひとつやっていない。それなのに、どうしてここまで非難されなくてはいけないのか」という思いで、私は、巨大企業との裁判を闘ってきました。

ここに書かれていることを他人事とは思わないでください。

認知症の人は増加し続けており、認知症の人が不幸にして鉄道事故で亡くなるケースが後を絶ちません。JR東海は最高裁判決後、〈真摯に受け止める〉としながらも、〈会社財産を守る観点から今後も損害賠償するのが基本〉と請求する姿勢を変えてはいません。

残念ながら、不幸な事故の後で鉄道会社などから家族が請求を受けるようなケースは、今後も発生してくるものと思われます。やむを得ず、訴訟を受けて立たざるを得ない方も出てこようかと思います。

そのような方々の一助になればと思い、私たちの介護や裁判の状況、私たちの思いを記録に残すべく、本書を執筆することにしました。

また、今回の逆転判決は、私ども家族の力だけで成し得たものではありません。裁判に意見書などを提出していただいて、支援と協力をくださった関係者の方々のお陰でようやく勝ち取ることができたものです。

そこで、各章の終わりに、直接裁判に関わってくださった方々にお願いをして、それぞれの思いを寄稿いただくことができました。この場を借りて心より御礼申し上げます。

なお、本文中の「私」はすべて、長男である私のことで、その他の登場人物は、私から見た関係で記しています。

高井隆一

第一章

8年目の逆転判決

「高井さん、やりましたよ。逆転勝訴判決です」

日頃は冷静な彼が、携帯電話の向こうで上ずった声でいるのがわかりました。

相手は、あさひ法律事務所の畑井研吾弁護士。私も鼓動が高鳴りました。

「最高裁は高裁判決を破棄し、私たちの責任を認めませんでした。逆転勝訴です。いま、私も記者会見場に向かっている途中で、まだ判決文を読んでいないので、急いで読んで会見に備えます。とりあえず結論だけ連絡します」

「どうか、よろしくお願いします」

ＪＲ東海による、認知症だった父の行為に対して損害賠償請求が始まってから８年、ようやく巨大企業との闘いから解放された、逆転判決の瞬間でした。

厳しい寒さが少し緩んできた、今から二年前の、２０１６（平成28）年３月１日、午後３時過ぎのことでした。

私は愛知県大府市の自宅近くの遊歩道で、愛犬・サスケと散歩をしていました。「早く、穏便に済ませてほしい」という家族の思いと、闘いたい私の思いとの折衷案で、法廷には出向かず愛知県で今か今かと連絡を待っていたのです。本当に嬉しい、待ちに待った一報でした。心の底から本当にほっとし、張り詰めていた力が一気に抜けました。頑張ってきてよかったと思いました。

私は喜びを表に爆発させるようなタイプではありませんので、電話では努めて冷静に応対しましたが、心のなかは歓喜に満ち溢れていました。

「やったぞ。ざまあみろ、ＪＲ東海め」

私は以下のコメントを畑井弁護士に託しました。

「最高裁におかれましては、大変温かい判断をしていただき、心より感謝申し上げます。よい結果に父も喜んでいると思います。８年間、いろいろなことがありましたが、これで肩の荷が下りてほっとした思いです。各方面からの多くのご支援、大変ありがとうございました」

記者会見では、私と四十年来のお付き合いの浅岡輝彦弁護士が、「全面的に私たちの主張が取り入れられた画期的な判決だろうと評価している。実際に認知症の方を抱えている家族にとって本当に救いになった」と述べ、畑井弁護士が私のコメントを代読しました。

いろいろと相談に乗っていただいた〈認知症の人と家族の会〉の高見国生代表理事、田部井康夫副代表理事も「仲間みんなから『嬉しい。泣いています』という返事がきています」と喜びを語りました。

直後から、報道合戦が始まりました。事前に、ＮＨＫの方から「テレビ、ラジオで速報を流す」と聞いていましたから、これは大変なことになったと思っていました。
ちょうど民放各局のワイドショーの時間帯の判決言い渡しでしたから、NHKだけでなく、民放各社とも番組のなかで速報として伝えることになりました。直後は、どのチャンネルを回しても判決を速報していました。弁護団や家族の会の会見の様子が夜遅くまで繰り返し報道されました。そして、翌日の朝刊は各紙とも一面のみならず、何頁にもわたって紙面を割き判決を解説していました。まさか、市民の関心がこれほど高く、こんな大騒ぎになるとは思っていませんでした。予想を上回る報道ぶりでした。

私たち家族の対応によっては、父の死は、後に何も残さない、全く無駄なものになりかねませんでした。だからこそ、こういう結果になり感無量でした。認知症の人や家族、関係者の方々にようやく安心していただけることになり、コメントの通り、本当に肩の荷が下りました。

「おう、ようやく勝ったか、遅かったなあ。おんし《お前》もまんだまんだたるい《物足りない》なあ」と父が明るく冗談を言って笑っている声が聞こえた気がしました。

第二章

父が帰らなかった日

1　父が亡くなった日のこと

(1) 突然の電話連絡

「大変。おじいさんが、おじいさんが事故に遭ったみたい。すぐに帰って来て」

あの日、突然、私の携帯電話が鳴りました。妻からの電話でした。

「おお、どうした」という私の発言を妻が遮るように、「おじいさんが共和駅で事故に遭ったらしい。すぐに帰って来て！」と泣き叫びました。孫との関係で、私たちは父のことを「おじいさん」と呼んでいました。詳しいことは全くわかりません。とにかく、すぐに帰って来てくれと、悲鳴に近い叫びでした。

2007（平成19）年12月7日の夕方、私は勤務先である東京都港区のJR田町駅近くの、建設会社本社ビルにいました。退社時間が近づいて、あたりは薄暗くなり、何となくほっとした雰囲気のなかにいました。

父は愛知県の、JR東海道本線大府駅の近くに住んでおり、共和駅は隣駅です。私は、「どうして共和駅なんだ、何かの間違いではないか」とも思いながら、すぐに退社して、急ぎ山手線で品川駅に向かい、新幹線に飛び乗りました。

父は外出願望が強かったので、外で事故に遭うのは否定できない話でした。

それにしてもどうして共和駅まで行けてしまったのか。父は現金を持っておらず、切符を買えたはずがありません。そもそも切符の買い方がわからなくなっていました。91歳となっていてとぼとぼとしか歩けず、父の歩行速度では自動改札を通過できたはずがありません。頭のなかで様々な疑問が巡っていました。

また、夕方の事故でしたから、多くの人に迷惑をかけているだろうと想像し、いたたまれない気持ちになりました。私自身、通勤途中の電車の事故による遅延では、今まで数えきれぬほど腹立たしい思いをしたことがありましたから、なおさらでした。

(2) 本人確認

名古屋駅で新幹線を降り、大府駅に到着したのは午後8時過ぎでした。妻が待ちくたびれていました。大変厳しい表情をしていましたが、私の顔を見て安堵の表情も浮かべました。

妻によると、警察は、「本人確認をしてもらいたいが、遺体の損傷がひどくて母や妹、妻には見せられないので、長男の私の到着を待っている」と言っているそうです。急ぎ車で、東海市の東海警察署に向かいました。共和駅での作業は終了し、父は警察署に運ばれていました。

到着すると、母と妹夫婦、姉夫婦が来ており、皆、警察署内の通路脇に置かれたイスに座って沈痛な表情をしていました。彼女たちは父の顔も見られぬまま、ずっと私を待っていたのです。

担当の警部は、すぐに私を別の建物の、父の遺体が置いてある場所に連れて行きました。遺体安置室ではなく、倉庫のような建物の一角に、便宜的に置かれていました。「お父さんの帽子、靴、衣服に連絡先が表示されていたのですぐに認知症を患っている方だとわかりました。しかし、私たち警察は、お父さんは縛られて電車を使って殺されたのではないか、よそで殺されて証拠隠滅のために遺体をばらばらにする目的で線路上に置かれていたのではないかなど、刑事事件を疑って捜査をしました。また、医師に検死してもらい不審な点はないか診てもらいました。その結果、不審な点は見当たらず、警察としては、事件性はないと判断しています」

警部の説明は淡々としていました。

父は裸のまま毛布に巻かれていました。さらに人体収容用のファスナーのついた、クリーム色のビニール袋に入れられていました。サスペンスドラマなどで見る通りだな、などと私はぼんやりと思っていました。

父に間違いありませんでした。毛布で包んでおかないと肉体がばらばらになる状態だといいます。「損傷の少ない肩あたりの皮膚を見せてお別れするんですかね」と警部はぼそぼそと言いましたが、私は、父の遺体は誰にも見せまい、と決心しました。

「父はトイレが近くなっていましたから、危険な場所ともわからずに、排尿をする場所を探して線路に降りたのではないかと思います」と私が言うと、「ズボンのチャックが開いていました」と警部は答えました。警察とはそんなところまで確認するものなのかと驚きました。

父の所持品についても確認を求められました。

壊れた眼鏡、補聴器、腕時計、靴、帽子、衣類。それらは見慣れた父のものに間違いありませんでした。財布や現金、切符はありませんでした。やはり電車に乗れたはずはありません。帽子は父が気に入っていた、ニューヨークヤンキースのNYマークの入った黒いキャップで、帽子や衣類には連絡先を記した布が縫いつけてありました。警部はこれらを見て妻の携帯電話に連絡してきたのです。

「電車の運転士さんが、急ブレーキをかけたが間に合いませんでした、申し訳ないことをしましたと話していました」と警部は最後に言いました。

これを聞いたとき、私は乗客のみならず運転士さんにもつらい思いをさせたのだと申し訳なく思っていました。

このときは、半年後から悪夢のような請求が始まるとは夢にも思いませんでした。

結局、間接的ながら、この一言だけが、JR東海の人から聞いた最初で最後の人間らしい言葉となりました。

遺体の確認は15分ほどで終わりましたが、最後に別の若い担当者から、「お父さんは生命保険に入っていませんでしたか」と訊かれたので、「入っていない」と答えましたが、他の家族も同じ質問を受けたそうです。さすが、念には念を入れた警察の捜査です。

本人確認をした後も、父の遺体をすぐには引き取ることはできませんでした。警察は、本当に父であることを客観的に確認するために、指紋で確認したいと言うのです。

そこで、妻と私は父母の自宅兼事務所に戻り、すぐに鑑識課員二名が来て、父の指紋を採取し始めました。高齢になると指紋がすり減っているのに加えて、皮膚の油脂分が少なくなるので指紋がつきにくいとのことで、とても難航しました。指紋のつきやすいアルバムのフィルムもチェックしましたが、だめでした。困り果てていたとき、妻が、父が通所していたデイサービス施設〈あい愛おおぶ〉で父の誕生日の記念で作成された、色紙に父の手形を押したものがあることを思い出し、持ってきました。鑑識の方は「おう、これでいい。掌紋で確認できる」と喜び、指紋ではなく掌紋で本人確認ができました。まさか誕生日の記念手形が、こんな場面で貢献するとは皮肉なものです。

鑑識課員が帰っていくと、今度は警察の広報から「マスコミが実名を教えろ、と言ってきているが、教えてよいか」と打診がありました。私は「悪意を持って多数の人に迷惑をかけたわけではなく、認知症によるものだから」と説明し実名報道を断り、二、三度やりとりして最終的には納得してもらいました。正直、腹立たしいやりとりでした。

ようやく一日が終わりました。疲れ切っていましたが、その夜は興奮していて結局、まどろむ程度しかできませんでした。

(3) 当日の様子

その日、父はいつものように、午後4時半頃、〈あい愛おおぶ〉の送迎車でデイサービスから帰宅したそうです。当時、妻は私と別居して、父母の近くに移り住んで、父の介護にあたっていました。

帰宅後、父は妻と母の三人と飼っている愛犬とで、事務所でみかんを食べお茶を飲み、いつもと変わらぬ団欒のひとときを過ごしていました。妻は事務所と自宅の間を行ったり来たりしていました。事務所とは父が不動産仲介業をしていたときの仕事場で、以前の通り「事務所」と呼んでおり、自宅とは棟続きになっていました。その後、妻は玄関先で父がトイレと間違えて排尿してしまった段ボール箱を片づけていました。父母は二人で事務所におり、母は新聞を読んだり、テレビを見たりしていました。父はこの頃にはテレビを見続けることができなくなっていたので、ソファーに座って外を行きかう通行人を見たり、目をつむってうとうとしたりしていました。父は〈あい愛おおぶ〉から帰ると毎日のようにしばらくの間、目をつむってうとうととしていたのです。特に変わったこともない、いつも通りの夕方でした。

ところが、夕方5時過ぎ頃、妻が事務所に戻ると、父母がいません。あたりを見ると、母が外に立っていました。「ふと気づくと夫がいなくなっていた」と言うのです。母も85歳と高齢でしたが、夜間は父の見守りをしていました。外出防止のため、父が玄関に近づくとセンサーが感知して、母の枕元に設置したチャイムが鳴るよう、私がセットしてありました。母はチャイムが鳴れば起こされるという生活をしていましたから、熟睡できる日々ではなく、ついうとうとしていたのでしょう。この間、6、7分だったようです。どういうふうに父が出て行ったのか、どっちの方向に行ったのかさえわかりません。

妻と母は自宅の周囲や、いつもの散歩コースや、父が行きそうなところを探しました。妹にも連絡して心当たりを探してもらいました。

しかし父は見つかりませんでした。事務所からすぐのところにJR東海道本線の大府駅がありますが、認知症になってから、父が一人で駅に向かったことはありませんでしたから、駅の方向は探しませんでした。事務所の前に、大府市内を循環するふれあいバスの乗車場があるので、そのバスに乗り込んだのではないかとも思い、市役所に問い合わせましたがそれらしい人は乗っていないとの返事でした。

四方八方を、50分ほど探しても見つからず、妻と母は警察への連絡を覚悟して一旦午後6時頃、事務所に戻りました。何しろ、家族が起きている日中に父がいなくなったことは初めてでしたし、事務所出入り口から出て戻らなかったのも初めてでしたから、大変な不安でした。

そうしたなかで、妻の携帯電話が鳴りました。

「こちらは東海警察署刑事係です。ご家族と思われる人が共和駅のホームで事故に遭った可能性があります」

妻はまさかと耳を疑いましたが事実でした。頭を巡っていた、いろいろな可能性のなかにもなかった、思いもよらない結果でした。頭が真っ白になってしばらくは茫然自失の状態だったと妻は振り返ります。

(4) 父の葬儀

多数の方に迷惑をかけて申し訳ないとの思いが強かったので、父の葬儀は密葬としました。しかし、父が賑やかなのが好きだったことも考慮しつつ、あまり恥ずかしい内容にしてもいけないとも考えながら葬儀の段取りを決めていきました。

父は生前、葬儀の場所はかつて勤務していた農協の施設でやってほしいと言っていたので、その通りにしました。結果、農協のOB会や不動産業で関係した方などに知れわたってしまい、結局は密葬ではなく、たくさんの方々に参列いただきました。

私は父の生前の言動を考慮して、特別に、故酒井政雄《さかいまさお》さんのご子息、酒井宏禎《ひろさだ》さん、弘子さんご夫婦と、深谷泰造《ふかやたいぞう》さんを指名して、真っ先に焼香していただくよう手配しました。父も喜んでくれたと思います。後述しますが、お二人とも生前父が再三にわたりお名前を出していた方々です。

通夜の際、父の棺桶は蓋を閉じたままでしたので、父の妹・俊子《としこ》が何度も、「隆《りゅう》ちゃん、兄《あに》さんの顔が見たい、見せてくれ」と言いました。見せたくても見せられません。本当に無念でした。当時、ドイツのミュンヘンに住んでいた弟は葬儀に間に合いませんでした。私は喪主として、父がかつて八十八霊場巡りをしていたことや、父への思いを率直に話しました。

(5) 妻の後悔

葬儀が終わっても、妻は、自分を責め続けていました。「目を離した自分が悪かった、皆さんに迷惑をかけたのは自分の責任だ、本当に申し訳ないことをした、家族や親戚に謝らねば」と。狭い町のことですから、父の症状や事故の経緯については瞬く間に広まったでしょう。「もう街なかを歩けない、あの嫁がいけないのだと指をさされるに違いない」と嘆くのです。私はその都度、「一生懸命にやっていたのだからそんなことはない、人の噂も七十五日だ」と慰めていました。妻を責める気持ちは全くありませんでした。しかし、妻の心が晴れることはありませんでした。後々、最高裁での逆転判決で、この訴訟の意義が評価されるようになるまで、妻は長い間、後悔に苛まれ続けることになりました。

2　共和駅で事故に至った経緯

(1) 鉄道で移動したことが信じられなかったこと

父の自宅兼事務所は、大府駅のすぐ近くにあり、その大府駅から3・5キロほど離れた、名古屋方面の隣駅が父の亡くなった共和駅でした。私たちは、父が隣駅で事故に遭ったことが全く理解できませんでした。

そもそも、認知症になってから父が大府駅方向に向かったことは一度もなかったので、家族もそちらの方向を探すことはなかったのです。いつも父が向かっていた方向とは正反対でした。

事故が起きたのは午後5時47分頃とのことでした。父がいなくなってから、40〜50分程度しか経っていませんでした。父はその頃、非常にゆっくりとしか歩けませんでしたから、隣駅と言っても、その時間内で、徒歩で着けたはずがありません。タクシーに乗っても行先を告げられませんでしたし、日頃からお金も持たせていませんでしたので、タクシーを利用したとも考えられません。可能性を勘案すると、やはり大府駅から電車で移動したとしか考えられませんでした（後の高裁判決でもこの経路で移動したものと推認されています）。

しかし、もう自動券売機や自動改札口の利用の仕方もわかりませんでした。父の歩く様子はまさにとぼとぼといった感じでしたし、誰かの後ろについて行っても、改札を通り過ぎる前に扉が閉まってしまい、警告音が鳴って駅員が気づき、保護されるに違いないと思っていました。

父がなぜ、このような行動を取ったのか、今でもわかりません。

これは私の想像ですが、父は何かを思ってすぐに戻るつもりで、一旦事務所を出たものの、もう夕方で、多くの人たちが行きかう時間帯でしたから、何となく駅に向かう人の流れに乗って、または、前を歩く人をいつも散歩に付き添っている私たちだと勘違いして、大府駅の改札口まで行ってしまったのではないか。その後、自動改札口は通過できたはずがありませんので、駅員がいる有人改札口を通って駅の構内に入ったとしか考えられません。

(2) 共和駅の調査

父の葬儀が終わってしばらくしてから、私は共和駅の事故現場を見に行きました。大府駅から名古屋方面へ向かう電車の、先頭車両停車位置よりもずっと先、200メートル近くはあったでしょうか。一般の乗客が電車を降りて駅を出るために向かう方向とは逆の、進行方向寄りのホーム端の駅構内の線路でした。ホーム端には柵があり、柵の向こうに線路に降りる階段がありました。柵には扉がついており、軽くノブを回せば、子どもでも簡単に開く状態でしたので、私は、父が排尿する場所を求めてここから階段を経由して駅構内の線路に降りたことは間違いないと確信しました。「チャックが開いていました」と言った東海警察署の警部の発言が蘇りました。父は、道路の真ん中などで所かまわず排尿するといったことはなく、必ず自分がトイレと判断した場所で排尿しました。周りを意識する羞恥心は残っていましたが、これが裏目に出たのです。

事故現場は、いつ電車が来るかわからない場所で、まして12月7日となれば、17時を過ぎればあたりはもう真っ暗で、かつ、一日で最も電車が行きかう危険な時間帯ですから、通常の判断能力を有する人なら絶対に立ち入らない状況でした。

下車したホームの駅員は、逆方向に向かう父の行動を目撃したはずです。おかしいと感じなかったのか、どうして呼び止めてくれなかったのかと強く感じました。共和駅の改札口に向かう階段に〈不審な物や不審な人物を見かけたら駅員に連絡してください〉との張り紙がありました。乗客に連絡を求めるのみで、駅員は何もしないのか、と感じました。

また、扉に施錠さえしてあれば、父は線路に降りることはできなかったはずです。

事故の翌日、中日新聞の夕刊の記事にはこんな記述がありました。

〈男性には認知症の症状があり、東海署は事件性はないとみている。調べでは電車が通過する際、運転士が線路上に男性が立っているのを発見。ブレーキをかけたが間に合わなかったという〉

記事中の「立っている」との表現が父の認知症を表していました。

ＪＲ東海もこの記事を読んで、どうして認知症の人が駅構内の線路に入り込んだのか、原因を調査し再発防止策を早急に検討するはずだと思っていました。

だから、早晩この扉も再発防止のために施錠してくれるだろう。父の死の瞬間がどのようなものだったかと想像したり、多くの乗客に迷惑をかけてしまったと一人煩悶したりしました。

しかし、後日、裁判の過程で判明したのは、ＪＲ東海は事故後の究明調査など何もしておらず、ただ損害全額を請求することのみ考えていたという事実です。

一方、ＪＲ東海は、事故直後、運転士が警察からの聴取で以下のように答えていたのを知っていました。

「人は逃げるそぶりはなかったのか」との問いに対して、

「汽笛を吹鳴《すいめい》してもそのままの状態でした」

「どういう状態で立っていたか」との問いに対しては、

「こちらを向いた状態で立っていました」

ＪＲ東海は、当たり前ですが新聞報道の内容よりも状況を詳しく知っていて、父の様子が通常人の行動とは異なることを知っていました。それにもかかわらず、なぜ？という思いを、私はこの後、ずっと持ち続けることになるのです。

父の衣類には、すべて名前と連絡先を縫いつけていました。

第三章

家族総動員の在宅介護

1　認知症の発症と入院による急激な悪化

(1) 認知症の発症

父は70歳台後半になると、自転車で転んだり、運転を誤って自動車を壊したりするようになりました。私たちは父に自動車の運転を止めるよう話をしましたら、父は素直に受け入れ、その後、父は自分で運転するとは一度も言いませんでした。家族としては、早めの段階に取り止めておいてよかったと思っています。

また、頻繁に排尿するようになりました。医師によれば、加齢によって膀胱の弾力性が低下し、溜められる尿量が少なくなったためだそうです。

2000（平成12）年12月頃（当時、父は84歳）になると、父は、食事をしたばかりなのにもかかわらず「食事はまだか」などと言い出したり、朝・昼・夜の区別が曖昧になって、夕方の5時半を朝の5時半と間違えたりするようになり、私たち家族は父が認知症（当時はまだ痴呆症と呼ばれていました）を発症したことに気づきました。たまたま妹が平成11年頃から地元の介護施設で働いていて、多くの認知症の人の症状を見ていましたから、「これは間違いなく認知症だよ」と助言してくれました。

最初は、父、「今日食べたお寿司はうまかったなあ」。母、「何言ってんの。お寿司なんか食べていないでしょ」。父、「ああ、そうだったかなあ」といった調子でした。ときどき、変なことを言うようになったなあという感じです。

症状は少しずつ、少しずつ進み、2002(平成14)年になると、日課だった晩酌の際、飲んだ量を忘れてしまい、ときどき飲み過ぎて泥酔するようになりました。夜中に起き出して二度、三度と飲むこともあり、飲酒量を自分でコントロールできなくなっていきました。さらに、寝る前に自分自身で戸締まりをしたにもかかわらず、夜中に何度も起きて確認するようにもなりました。

当時、父母は自宅で二人暮らしでしたが、母はすでに80歳、一人では父の介護が難しい状態となりました。

私たち夫婦は横浜に住んでいました。そこで、母、私、妻、そして介護実務に精通していた妹の4人で、今後の対応を相談した結果、同年3月から、妻が私と別居して単身父母の自宅の近くに移り住んで、父の介護に加わることになりました。

妻には本当に申し訳ないことになりましたが、この時点では父の認知症の程度は軽く、施設に入所するほどではなかったのでやむを得ないと思っていました。しかし、結局この体制は父が亡くなった2007(平成19)年12月まで続くことになりました。妻にはいくら感謝しても足りません。頭が上がりません。

またこの頃、妹が、「介護保険制度が導入された。リハビリテーションが認知症の進行を遅らせたり、症状を改善したりする可能性があるので、介護保険制度を利用して、デイサービス施設に通ったらどうか」と提案してくれたことから、私たちは従前から父がかかっていた近所の加藤内科胃腸科の加藤肇《はじめ》医師にお願いして、かかりつけ医として主治医意見書を書いていただき、2002（平成14）年7月に父の介護保険の申請をしました。

（2）入院を契機にした症状の急激な悪化（リロケーションダメージ）

父は、介護保険を申請した翌月の2002（平成14）年8月、自宅から事務所に通じる踏み台から足を滑らせ、転倒して右腕上腕のつけ根を骨折しました。膝が曲がりにくくなっていた父は転倒しやすくなっていたのでしょう。最寄りの整形外科で治療を受けたものの、翌日夜になって呼吸が乱れ、救急外来がある順和病院に急遽入院しました。

骨折が引き金になって、持病だった心不全を悪化させたのです。命も危ぶまれる状況でした。ところが、父は自分の置かれている状況を理解できず、何回も「ここはどこだ」「家に帰る」と繰り返し、ベッドから無理やり下りようとしました。医師や看護師が処置しようとしても、体を激しく動かして、おとなしく治療を受けようとしませんでした。父は環境の変化に大変混乱した様子で、入院しているという事実を理解することができなくなっていたのです。

ついには、一時危篤状態になり、気道確保のための気管挿管を受けました。しかしながら、父は強靭な体力と精神力でその危機を乗り越え、持ち直しました。意識が戻った後も父は、自分の生命を支えていたはずの挿管を嫌がり、器具を自ら外すなどして、混乱が続きました。点滴の針を強引に取り、血だらけになるなどの事態もありました。

1ヵ月を超える入院生活で、明らかに認知症の症状は悪化したようでした。見舞に来てくれた人の顔と名前が一致しないようになりました。

病院を私の自宅だと思い込み、付き添っていた私に対して、「おばあさん（母）に電話するからお金よこせ」「ここにはちょっと寄っただけだ、自宅に送れ」「親子の間に医者を入れるとは何事だ。水ください。そんな息子だとは思わなかった」などと言いました。

妻と妹は、これ以上入院させておくことはさらに父を混乱させると判断、母の承諾のもと、同年9月に退院させました。万一を覚悟した退院でした。私は、退院後の選択肢を考える知識もなく、ただただその結論を受け入れるしかありませんでした。

（3）退院後の様子

退院後、住み慣れた自宅に戻ると、父は嘘のように落ち着きを取り戻しました。父の場合、環境変化は禁物であると思い知らされることになりました。このことを〈リロケーションダメージ〉というようですが、父には住み慣れた自宅で過ごすことが一番だと家族の意見が一致しました。

このことは、後の介護方針に大きな影響を及ぼすことになります。

しかしながら、入院をきっかけに認知症の症状は一段と進んでしまい、退院後ももう元に戻ることはありませんでした。

それでもしばらくの間は、それまでの生活体験に基づき一人で外出しても帰ってくることができました。私にお寿司を買ってきてくれることもあり、買い物も一人でできました。いわゆる、まだらの状態でした。

2　退院後の介護と体制作り

（1）介護保険認定結果

父の介護保険認定結果は、入院中に要介護１とされましたが、入院中の認知症の悪化を受け、退院から2ヵ月後の2002（平成14）年11月には要介護2になりました。

「わしはどこにいるのか全然わからなくなった」と言って頭を掻きむしったこともありました。お金を借りたので返しに行かなくてはいけないといった作り話、誰かが玄関のシャッターを叩いているとの妄想もありました。父は暴力を振るうことは全くありませんでしたが、こういう「せん妄」は心の不安がもたらすものであり、できるだけ心が乱れないよう穏やかに毎日を過ごし、生活のリズムを作ることが重要でした。また、お酒を飲み過ぎて下痢をしたり、逆に野菜が不足して便秘になったりもしていましたので、体調の維持・管理も必要でした。

このため、妻と母は妹とも相談しながら次に述べるような対策を実行していきます。しかし残念ながらこの後、2007（平成19）年2月の認定でいきなり要介護4となり、父の認知症の症状は着実に進行していくことになります。

(2) 専門医への受診

妹の提案で、我が国の認知症治療の専門医として有名な医師に父を診てもらうことにしました。遠藤英俊医師です。たまたま遠藤医師の勤務する国立療養所中部病院（現・国立長寿医療研究センター）が大府市にあり、父の若い頃からのかかりつけの病院だったのです。

退院の翌月に父を連れて行き、遠藤医師を指名して診察を受けました。遠藤医師はアルツハイマー型認知症と父を診断しました。これ以降、妻と母は概ね月に1回程度父を受診させ、遠藤医師に、骨折や持病の慢性心不全等を含めた全身の状態を診ていただくとともに、介護方法の指導なども受けました。

一例を挙げましょう。父はお酒が好きで、たびたび焼酎を飲み過ぎるようになっていました。飲んだ量を忘れてしまうのです。ですから私たちは、焼酎を予め水で薄めてボトルに入れておきましたが、結局は大量に飲んでしまうので泥酔を防止できない状況でした。

遠藤医師からは、焼酎の代わりに最初から水を入れておくようにとの助言をいただきました。私たちは、「まさか、水では気づくのではないか」と思いましたが、父は気づかず、ただの水を飲みながら「今日の酒はうまいなあ」と言っていました。酔いが回るには少し時間がかかるわけで、飲んだことを忘れてしまう父の状態からすると適切な助言だったのです。それからは、泥酔することが無くなり、体調を保つうえでも有益な対処になりました。

父は軍人経験がありました。そのせいか、医師のことを軍隊における上官だと思っていた様子で、遠藤医師や後にかかりつけ医になる加藤医師の診察を受けるときは背筋を伸ばして緊張した面持ちでした。後日、遠藤医師には、訴訟に際して二度にわたって意見書を書いていただくことになります。

父が生まれ育った大府市に、たまたま認知症専門の研究機関があったこと、当時、まだまだ少数しかいなかった専門医の診療を受けることができたことは、父にとって、大変幸運なことでした。

(3) デイサービス施設への通所

父は、介護保険を利用して2002(平成14)年10月から週1回、父とゆかりのあるデイサービス施設〈あい愛おおぶ〉に通所することになりました。JAが経営する施設で、かつての大府農協吉田支所があった場所にあり、父は30代の頃、仕事でよくそこに行っていたのです。

通所を始めた当初、父は行くのを大変嫌がりました。毎朝、「行かない」などと言って送迎車に乗ろうとしませんでした。何とか乗せて行っても、着いたら着いたで帰宅願望が強く「ここはどこだ」「家に帰る」と繰り返し、ヘルパーさんを困らせていました。当初は、父が帰りたがる度に母や妻が電話で話をして落ち着かせたり、どうしても収まらないときは迎えに行ったりしました。

父の環境変化に対する抵抗には強いものがありました。

それでも通所を繰り返すうちに、次第に慣れていったようです。毎朝出迎えの車が来るたびに、決まって私たちに「今日はどこへ出かけるのだ」などと訊くので、「農協の吉田支所で打ち合わせですよ」と答えると、「ああ、そうか」と素直に納得して車に乗り込んで行きました。もちろん、行ってからも帰宅願望は出るのですが、後の裁判で父の状況について意見書を書いていただくことになる社会福祉士の森田（旧姓：中原）史恵さんや、ヘルパーさんなど、父のお気に入りの人たちの適切な対応で何とか通所していました。

亡くなった頃には、日曜日を除く週6日通っていましたから、私たちは大変助かっていました。この頃は、遠藤医師の生活療法の効果や、〈あい愛おおぶ〉の利用、家族が介護に習熟して適切に対処できるようになっていたこともあり、父のみならず私たち家族も比較的落ち着いた生活を送ることができていました。

（4）加藤医師への転医

2004（平成16）年2月頃、遠藤医師より、「症状は落ち着いています。中部病院は専門医療機関ですので、一定の段階で患者さんを地域の医療に引き継ぐ方針を採っています。今後は、ご自宅の近くの加藤先生に診ていただくようにしましょう」という趣旨のお話しがありました。

加藤内科胃腸科は自宅から近く、以前から父母のような老人にも親切に診療していただいており、私たちは加藤医師を信頼していましたので転医は問題ありませんでした。

（5）退院後に行った環境の改善と対策

私たちは、父が自宅で可能な限り安全かつ快適に暮らせるよう、住環境の改善を行いました。介護保険を使って手すりを新設し、父が落下した踏み台を撤去し階段を作りました。頻繁にトイレに行く父のために寝床の場所を変更し、トイレに一番近い位置に介護用ベッドを置きました。父の姪（妹・俊子の次女）が嫁いでいたガラス店に依頼して、窓を二重にする防寒対策や、廊下においてあった家具をすべて撤去するなどの安全対策を実施しました。

また、外出願望は引き続き強かったので、万が一父が、私たちが知らない間に外出した場合に備え、妻が、父の上着、帽子、靴に父の名前や連絡先を記入したり、布を縫いつけたりしました。父は特に嫌がることもなく、気にする様子もありませんでした。

（6）介護体制作り

妻は２００３（平成15）年12月に、ホームヘルパー２級の資格を取りました。父の自宅の近くに住んで、デイサービスに行く日は、朝と、デイサービスから帰る夕方から父の就寝まで、行かない日は終日、父母の世話をしてくれました。

夜間は妻が泊まることもありましたが、基本的には母が父の様子を見守るようにしていました。母自身も高齢で大きく腰が曲がり、2005（平成17）年2月には要介護1の認定を受けるような状況でしたが、頑張っていました。

私も東京で仕事をしながら、週末には可能な限り大府に帰り、介護に参加しましたが、父が亡くなる頃にはお盆や正月、ゴールデンウィークに加え、大体月に3回くらいの週末を大府で過ごすようになっていました。突然一人暮らしになり、不自由なことも多くなりましたが、母や妻の苦労を思えばそんなことは言っていられません。日曜の夜に横浜に帰るときには、妻が栄養バランスを考えた料理を作って持たせてくれましたので、食生活もなんとかなりました。私は、大府にいるときは努めて妻の代わりに父を散歩に連れて行くようにしていました。私もゆっくり休む暇もありませんでしたが、自分の親のことですから自分なりに頑張ってきました。

妹は2004（平成16）年3月には介護福祉士の資格も取り、引き続き介護施設に勤務しながら、ときどき立ち寄っては、様々な助言や情報提供をしてくれました。介護保険制度が施行（2000年）されてからまだ数年しか経っておらず、妹から教えてもらわなければ、ずっと知らなかったであろう制度や情報が多くありましたから、他のご家族はどうしているのだろうとも感じました。

このように、私たちはデイサービスをフルに利用しながら、家族総動員の介護体制を敷いて、一人だけに負担を集中させず、分業体制で父の介護にあたっていました。母は「何でおんなじことを何回も言うのかねぇ」と愚痴をこぼしつつも、「まあ認知症だからしょうがないねぇ」と悲観的にならずにいました。父を施設に入れることなど全く考えていない様子でした。

(7) 回想法

妻はこの間、父に写経をさせたり、しばしば自分の住所と名前を書かせたりして、少しでも病気の進行を止める努力を厭《いと》いませんでした。軍人時代にもらった襟章や勲章をながめ、その頃のアルバムを一緒に見たり、家族旅行のときのビデオを楽しんだりしました。

妻の努力の甲斐あって父は徐々に安定を取り戻し体力も回復しました。そこで、2003(平成15)年以降、妻は父母を連れて、愛知県知多半島に点在する、知多四国八十八カ所霊場めぐりを始めました。父は不動産仲介業をしていましたから、あちこちの道や地名、お寺をよく知っていました。「小鈴谷」という地名看板を見て妻が「こすずだに」と言えば、「こすがや」だよと教えてくれるのです。父の記憶を呼び覚ますよい方法だなあと思いました。

　また、愛知県半田市のお寺めぐりをしていて、半田市亀崎にある老舗料亭の近くに差し掛かったことがあります。「おお、望洲楼じゃあないか」と父は気づきました。知っているの、と尋ねると「酒井さんとよく飲んだ」と答えました。恩人の酒井政雄さんのことです。そして父は、「待てよ。この近くに酒井さんの家がある」と言い、運転する妻に指図して誘導しました。恩人だった政雄さんは亡くなられて、父の言う通り、酒井さんの家にたどり着いたのです。恩人だった政雄さんは亡くなられて、次男の宏禎さんが跡を継いで不動産業をなさっていましたが、夫人の雪子さんがご健在でした。

　突然の訪問でしたが、雪子さんが、「まあ、高井さん、ひさしぶりですねえ。なつかしい。なつかしい」と喜んで応対してくれました。父もとても喜んでいました。

　このような努力の積み重ねで、父は妄想も減り、ずいぶんと落ち着き安定していきました。

　父は毎晩の晩酌が楽しみでしたが、いつも「酒井さんには大変お世話になった。酒井さんは一生の恩人だ。そのことは決して忘れてはいけない」と発言していました。しかし、晩年、認知症を患ってから、父はそんな大恩人のことも少しずつ忘れていき、最後には全くわからなくなりました。認知症とは大変残酷な病だとつくづく感じます。

3　父の外出願望の変遷と私たちの対応

(1) 外出願望の変遷

2002（平成14）年、順和病院を退院した直後から父は突然、用事もないのに「東京へ行く」と言い出すようになりました。真剣な表情をして、自分で靴を履き、いつものカバンを持って「では行ってきます。皆さん、さようなら」と出かけようとしました。

どうやら、東京で何か新しい事業を始めることになったと思い込んでいるようでした。入院中に、私と、見舞いに来た弟とが「東京に帰る」と言って一緒に帰って行ったことが強く記憶に残ったのだと思います。いくら止めても聞こうとしないので、仕方なく大府駅の窓口まで父と一緒に行き、駅員に「認知症です。適当に話を合わせて、あしらってください」と書いたメモを見せ、駅員から「東京行きの切符は売り切れです」などと言ってもらい、切符を買いたがる父を何とか納得させたこともあります。

「東京へ行く」が収まると、2003（平成15）年頃からは、「働かないといけない。泰造に仕事をくれるように頼みに行く」などと言い出し、歩いて10分足らずの場所にある農協まで行って、窓口で「泰造はいるか」「農協で仕事はないか」と質問するようになりました。農協の受付の女性が心得てくれていて、「いらっしゃっていますよ」と連絡してくれました。「泰造」とは、父の農協時代の部下の深谷泰造さんのことです。父はその後、農協に行くことについては2年間くらいこだわりました。その頃はまだ自分一人で農協まで歩いて行くことができていました。

農協へのこだわりが薄らいだ２００５（平成17）年頃からは、「あっちの家に行く」「池田に行く」などと繰り返すようになりました。「池田」とは、父が生まれ育った一帯を指す地区の名前です。

私が思うに、父の「東京へ行く」は不動産業をしていた40歳代以降の記憶の反映、「農協へ行く」はさらにその10年以上前の農協に勤務していた記憶に基づくもの、最後は生まれ育った「池田」でした。父の外出願望の対象は徐々に子どもの頃に戻っていったのです。

(2) 父の気持ち

父は、夕食を終えた後などには、私たちに向かって「お世話になりました。あっちの家に帰ります」と言いました。

どこかに行こうとするときはいつも、私たちに向かって「池田に行くから、カバンを出してくれ」などと行先を告げてから出て行こうとしており、何も言わずに出て行ったことはほとんどありません。それは、本当は行先がわからない、という不安の表れだったような気がします。

父が外出願望を訴えた際、万一に備えて、父を外出させてどこに向かうか見極める目的で、妻が父に気づかれないように後をついて行ったことがあります。

そのようなとき、父はゆっくり歩いて行くのですが、しばらくするとどこに行ったらよいか、道がわからなくなるためか、不安そうに立ち止まったそうです。そのとき、妻が「ご飯にしようか。皆が待っているよ」と声を掛けると、見知った顔に安心してほっとした表情になり、外出したことで満足感も得られ、素直に妻に従って帰宅したそうです。向かう方向は、いつも決まって、父がかつて勤務した農協の方や、生家の方向でしたから、父は目的を持って歩いていたと言えます。

「徘徊」という言葉には、無目的であちこち歩き回るようなニュアンスがありますが、妻にはそのようには見えなかったとのことです。父は、おぼろげな昔の記憶をたどって目的の場所に行くために歩いてきたものの、自分の記憶とはすっかり変わってしまっている周囲の様子に戸惑って立ち止まったのでしょう（「徘徊」については後でも述べます）。

私なりに考えてみますと、記憶を失ってしまった父にとっては、居る場所、見るもの、景色、会う人など、すべてが見知らぬ初めてのことだったのでしょう。たとえば、事務所の机の引き出しは長年の習慣に従って自然に開けるのですが、なかにある手紙や長年愛用していた筆記具などはいつも初めて見るような様子で、物珍しげに何度も何度も繰り返し見ていました。父にしてみれば、何も見たこともない、知らない、わからない場所にぽつんと一人置いておかれているような気持ちになっていたのではないでしょうか。だから不安な気持ちでいっぱいになり、「ここはどこだ」と私たちに聞くことになるのだと思います。

父が行きたがった「あっちの家」とは、当然ながら現実には存在しない家です。どこに何があって、誰が住んでいるか、父がすべて知っていて使い勝手のわかっている、父の頭のなかだけにある家です。父はそこに行って安心したくて、外出したがっていたのだと思います。

(3) 私たちの対応

父に外出願望が生じたとき、最初は「あなたの家はここですよ」などと話して納得させようとしていました。しかしいくら説明しても、一旦生じた外出願望は決して収まらず、止めようとすればするほど、逆にむきになって出掛けようとしました。そこで、「お茶を飲みましょう」「おやつを食べましょう」と言って気をそらすことにしました。テレビやプロレスのビデオ、アルバムなども動員しました。

私たちは、父がよく眠れるように、また、デイサービスで一日室内にいた気分転換として、父を散歩に連れ出すようにしていました。父は散歩が大変好きでしたので、翌日に疲れが残らない程度に毎日しっかり歩きました。父は、一緒につれていた飼い犬が匂いを嗅いで立ち止まっていると「早く歩け」などと叱りながらも楽しそうにしていました。「母ちゃん、犬ばっかり可愛がっていないで、おれのことも可愛がってくれよ」と冗談を言って皆を笑わせていました。

なお、母も妻も女性ですので、トイレが近かった父の男性トイレには大変苦労したそうです。散歩途中の公園にある小さな公衆便所はまだいいのですが、商業施設では付き添えないのでトイレから出てくるまで心配でした。

もし奥様が認知症になり、夫が付き添うような場合は、男性が女性トイレに入ることになるので、特に周囲の理解が必要だと思います。対策として、静岡県が初めて作成した「介護マーク」は大変有効だと思います。「介護中」と書いたカードを首からぶら下げて介護するのです。もっともっと全国に広がるとよいと思います。

また、父母が二人だけになる夜間、「どうしてもあっちの家に行きたい」と譲らないときには、母が妻の携帯電話に電話をかけて、「今夜はこちらは忙しいから来てもだめですよ」などと言う声を聞かせて納得させるようにしました。ドライブにも連れて行きました。車で、妹宅や父の生家に行って気分転換を図りました。父の生家は父の甥が継いでおり、甥夫婦が心得て上手に対応してくれました。父の生家に行くと、父はその場所に行くだけで落ち着きました。仏壇に手を合わせて両親の写真をじっと見つめていました。父はここがどういう場所か、わかっていたように感じました。

（4）外出願望の収まり

「徘徊はいずれ収まる」と聞いていました。

父の外出願望も、亡くなった頃には随分収まっていました。あまり外出したいとは言い出さなくなっていました。〈あい愛おおぶ〉では外出を訴えることのない日も多くなっていたとのことです。

父が大好きだった散歩も、歩く距離が短くなり、3日に一度は、「今日は膝が痛い」などと言って行かないようになりました。坂道に差し掛かると「えらい（つらい）、登れない」と言うようになっていました。私は父の衰えを目の当たりにしました。

夕食を終えた後で必ず強く出た外出願望も「今日はあっちの人が忙しいならここで泊めてもらうか」と言うようになり、自宅で素直に過ごすようになっていました。本当に、もう少しのところまできていたのです。

4　チャイムを切っていた理由

（1）事務所は父の居間だった

父は、食事や入浴、就寝は自宅で行いましたが、デイサービスからの帰宅後や日曜日など家族団らんで過ごすのはいつも、自宅と棟続きの、かつて不動産業をしていた事務所でした。私たちは「事務所」と呼んでいますが、父にとっては最も落ち着く「居間」でした。父のために座り心地のよいソファーを購入したり、テレビとビデオデッキを設置して、いつでも好きなプロレス番組を見られるようにしたりしました。父は体を揺らしながら熱中して見ていましたが、すぐにその内容を忘れるので繰り返し見ても飽きず、一本のテープで足りました。

また、軍隊時代の仲間と行った記念旅行ビデオも準備しました。「おお、あいつが映っているぞ」と喜んでいました。古いアルバムもいつでも見られるようにしました。

また、知った人が来ると、ここで会話を楽しみました。父は相手のことを忘れてしまっていてもなかなか応対が上手で、相手の方はしばらく父の認知症に気づかないこともありました。

事務所の外は歩道になっており、駅を利用する方々が行きかう場所でしたが、父にとっては「自分の庭」でした。事務所出入り口のガラス扉から出て、ゴミ拾いをしたり、草むしりをしたりするのは父の日課でした。

また、歩道の一角に植えられている街路樹や花壇に水やりをするのも好きでした。2003（平成15）年頃からは、一日に何回も水やりをするようになりました。父は街路樹などに水をたっぷりやらないと枯れてしまうと思い込んでいるようで、毎回、水浸しになるまでたっぷりとしていました。しかし2005（平成17）年の夏を過ぎた頃には興味を失い、全く水やりをしなくなりました。

このように、父が事務所出入り口のガラス扉から外に出ていつもの行動をしようとするときは、私たちには何も告げずに一人で出ていきましたが、周り数メートルの私たちの目の届く範囲内でもありました。かつ比較的短時間で、ここから居なくなったことは一度もなく、必ず戻ってきました。この事務所出入り口は夕方、シャッターをおろしますが、父はもうシャッターの開け方もわかりませんでしたから、私たちは、事務所出入り口から父がいなくなるかもしれないと思ったことは一度もありませんでした。

しかし父はあの日、この事務所出入り口から一人で出て、戻ることはありませんでした。全くの想定外の、思いもしなかったことでした。

（2）チャイムの電源を切っていた

事務所は、もともと不動産業をしていたときの仕事場で、たばこ、バス回数券、切手の小売を併設し、少額ながら現金がありましたので、防犯対策で、事務所出入口には人感センサーとチャイムが設置されていました。古いタイプで、けたたましい音で鳴りましたので、父は商売をしていた頃を思い出して緊張するようでした。既に販売は止め、防犯上の必要性はなくなっていました。センサーは家族にも、室内で飼っていた愛犬にも反応し、誰かが移動するたびにチャイムが鳴るので、毎日の穏やかな生活が成り立ちません。

また、奥の自宅の台所や二階、物干しなどではチャイムが聞こえません。以上の理由から、私たちは事務所のチャイムの電源を、随分前から切ったままにしていました。しかし、このことが裁判では大問題となり、私たちの介護に過失があったとされる大きな理由の一つになったのです。でも、そもそもチャイムを鳴らしていたとしても一瞬の外出を防止できるものでもありません。

5　行先を告げない外出と対策

（1）二度の外出

こうした私たちの努力にもかかわらず、父は二度、私たちが気づかぬ間に一人で外出して、行方がわからなくなったことがありました。二回とも連絡があって初めて父が一人で外出したことに母が気づきました。

一度目は、２００５（平成17）年8月未明、パジャマを着たまま一人で散歩に出掛けて道がわからなくなり、帰れなくなったようでした。

幸い、このときは近くのコンビニの店長さんが気づき、午前5時頃に連絡してくれました。自宅から徒歩20分ほどの父の生家方向にあるコンビニでした。父は自分の名前を告げて、「道に迷った」と店長さんに言ったそうです。生家までの距離の半分くらいまで来ていました。妻は、「おぼろげに若い頃の記憶を辿りながら生家に向かっていたに違いない」と言います。早速、妻は、パジャマにも連絡先を表示した布の縫いつけを徹底しました。

二度目は２００６（平成18）年12月深夜。自宅を出てしばらく歩いた後、タクシーに乗ったものの運転手さんに行先を告げられず、父が認知症であると気づいた運転手さんがコンビニに降ろし、店長が警察に連絡、午前3時頃にパトカーで帰ってきました。いつもの散歩コースにある、前回とは別のコンビニでしたから、これも無目的で徘徊したものではないと思います。しかし父は前回と異なり、このときは自分の名前が言えなくなっていました。

(2) かかりつけ医との相談

父の外出願望について、加藤医師に相談しました。

加藤医師からは、「眠らせる薬を処方することはできるが、ふらついて転倒したり、その結果、骨折して寝たきりになったりする可能性がある。また、今は自分で尿意を感じ取ることができているので、おむつ無しに生活できているが、眠っている間に失禁するようになるのでおむつが必要になる。どちらがよいかは簡単には決められないので、今後も話し合っていきましょう」と言われました。

せっかく残っている父の能力を奪うようなことはしたくなかったので、眠らせておく薬の処方は頼みませんでした。加藤医師からはいつも「この歳で毎日デイサービスに行けて、自分のことが自分でやれているなら上出来だ。素晴らしい」と励ましがあり、当時90歳前後となっていた父は本当に嬉しそうでした。加藤医師の励ましには父のみならず、ともすればくじけそうになる私たちも本当に救われていました。本当に感謝しております。

（3）外出防止策

私たちは御礼方々、最寄りの東海警察署大府幹部交番に出向き、父の症状を説明し、万一外出してしまったときに備えて連絡先等を詳しくお伝えしました。

警察の方は快く協力を約束してくださいました。そして、もっとわかりやすく連絡先を表示するよう指導がありましたので、布を縫いつける方法に変更し、妻の携帯電話番号を加えるなどの充実をはかりました。

また、夜間の外出防止のため、妻が玄関出入口の二枚の引き違い扉にかんぬきをかけて内側から開けられないようにしてみました。しかし、父は、開かない扉に苛立って二枚を同時に持ち上げてはずそうとしました。扉はガラスでしたから万一はずれでもしたら大変ですし、父は骨折が完治しておらず、水遣りをし過ぎて腕を腫らしたこともありましたから、この方法はあきらめざるを得ませんでした。

それなら、ということで、もう一段外側の、駐車場の門扉での防止策もやってみました。まず駐車スペースの隙間を波トタンで塞いだうえで、門扉にチェーンを巻きつけ南京錠で施錠して父が自宅敷地から出られないようにしてみました。しかしながらどこからも出られないと気づいた父は苛立って門扉を激しく揺すったり、自分の胸の高さまである門扉に足をかけて乗り越えたりしようとしました。父はもう膝が90度以上曲がらなくなっていたため、門扉を乗り越えられるはずもなく、今にも転倒しそうで大変危険でした。父は、目の前の門扉を突破することだけに異常な執念を燃やして興奮し、他のことが一切考えられなくなっているようにみえました。

このような父の様子から、私たちはやむなく門扉への施錠を中止しました。施錠を中止した後、玄関を出た父を見守っていると、門扉が開くことを自ら確認して安心するためか、それ以上は外に出ずに自宅敷地内の内側から外を見つめていました。あれだけ門扉突破に固執していたのが信じられないほどでした。

以上の体験から、私たちは、父を隔離し自由を奪うことが最悪の対処法であることを身をもって知りました。

父にとっては「施錠」は「監禁」だったのでしょう。

父はいつもカバンを持って出ましたので、今なら小型のGPSをカバンに忍ばせておけば、有効な対策になったのでしょう。妻が大府市役所の担当課と相談しましたが、残念ながら当時はまだ、大きさ、重さ、精度の点から実用的ではありませんでした。

また、警備会社に父を見守ってくれないかと相談したこともあります。しかし、警備会社は特定の個人を監視するような業務は取り扱っていない、とのことでした。

このため私は、最後の対策として、父が自宅玄関に近づくと人感センサーが感知し、母の枕もとでチャイムが鳴るようにしました。そのため、夜間でも父が自宅玄関に近づくと母が起きて父に付き添えるようになりましたので、それ以降は父が一人で自宅玄関から出て行くことは一度もありませんでした。母も高齢で眠りが浅いのに、度々チャイムで起こされて大変だったと思いますが、頑張っていました。

6　要介護4認定と私たちの在宅介護方針

(1) 症状の進行

残念ながら、父の症状は徐々に進行しました。2005（平成17）年頃から混乱（見当識障害や記憶障害等）がひどくなりました。あれほど口癖のように毎晩の晩酌の話題にしていた恩人の酒井政雄さんのことを忘れ、深谷泰造さんの名前も段々と出なくなりました。私たちが酒井さんや泰造さんのことを話しても、父は不思議そうにうなずくだけになりました。本当に認知症は残酷な病気です。

また、父は長年不動産業をやっていたため、大府市内なら細い裏道まで熟知していましたが、車でどこを走っても「この道は初めて走るなあ」というようになりました。

2006（平成18）年にはさらに進みました。ちょうど二度目にいなくなった頃です。その翌年には、母を自分の母親と勘違いするようになりました。家のなかで飼っている犬を猫と間違えるようになり、私が「猫ではなく犬だよ」と言ったり、「ワンワン」と吠えたりすると、父は「なんだ、犬か」と笑っていました。もう犬と猫も見分けられなくなっていたわけで、私としては複雑な思いでした。

2007（平成19）年2月の介護保険更新申請にて、認定結果が要介護2から4となりました。

（2）在宅介護を選択した理由

私たちはこの認定結果を受け、今後の父の介護をどうするか相談しました。結論として在宅のまま介護していくことにしました。

その理由としてはまず第一に、特養に入れれば父の混乱はさらに悪化することが目に見えていたことです。順和病院に入院したときの父の混乱ぶりから、それは火を見るより明らかでした。介護福祉士をしている妹もそれは同意見で、施設への入居をきっかけに認知症が悪化する多くの事例をみているとのことでした。

第二に、父は自宅で普通の日常生活を送ることができていました。判断能力こそ失くしていきましたが、個々の日常の動作を行う能力は維持していました。食事を自分で用意することはできませんでしたが、私たちが目の前に食事を並べると、自分自身で箸を器用に使いこなして食事を済ませていました。私たちが「着替えをしよう」と言って下着やシャツを渡すと、一人で着替えることができていました。

入浴の際は、湯量や温度調節ができず熱湯や冷水を浴びそうになるので見守りが必要でしたが、一人で体を洗っていました。よほど気持ちがよかったためか、湯船に浸かりながらふろ場を寝室と思い込み、「おい、隆《りゅう》や。俺は今夜はここで寝るのか」と聞かれ、思わず大笑いしたことも、今では懐かしい思い出です。家族の見守りによって、自分の能力で父らしい生活をすることができていました。

第三の理由は、自宅兼事務所が父にとって最も落ち着ける場所であったことです。父は昭和38年以降、ずっと同じ建物で暮らしてきました。だからこそ、亡くなった当時まで、長年の習慣に従って日常生活に必要な行動をとることができていました。

父は基本的には食堂やトイレの位置はわからなくなっていましたが、無意識で食堂に行き、いつもの席に着席できましたし、焼酎の瓶（といっても中身は遠藤医師の指導によりただの水でしたが）の置いてある場所まで行き、いつも使っている自分のコップに注いで飲んでいました。

夜間に何度も起きて事務所に行き、事務所出入り口の施錠を確認していましたが、確認すべき場所はわかっていました。寝室の場所がわからなくなることはなく、いつの間にかベッドに戻って休んでいました。このように、父は長年の習慣に従って自宅兼事務所では自然に体を動かし、行動できていたのです。

「自分の家ではない、あっちの家に帰る」と言いながらも、慣れ親しんだ自宅兼事務所が一番落ち着く場所でした。無意識に行動できる環境が一番の安心感だったと思います。見知った顔の家族と一緒のときは大変安心した様子でくつろいでいました。

したがって、私たちは父が歩ける間は慣れ親しんだ環境で暮らしていくのが最善だと思っていました。外で水遣りをしているときなど、見知った人から声を掛けられると父は嬉しそうにして、ごく普通に挨拶を交わしていました。

父の症状が進んでいくに従い、認知症であることがご近所に知れ渡っていくことに当初はためらいがありました。しかし、父が人間らしく、住み慣れた自宅で、生き生きと毎日を過ごしているのを見て、周りから何をどう言われようと父の好きにさせようと腹を決めたのです。

第四に、私たちの場合は家族総動員ながら、父が在宅で過ごせる体制が構築できていたことです。それに加えて週に6日、デイサービスの〈あい愛おおぶ〉に通所できたことは大変ありがたいことでした。妻は今でも、〈あい愛おおぶ〉は素晴らしい施設だったと評価しています。

最後に、第五の理由ですが、すぐに入所できる特養がどこにもありませんでした。

妹の勤務先も特養を開設していましたので、特養への入所事情はよくわかっており、たとえば、妹の勤務先の特養は当時個室80室が満室で待機者は230名、前年度退所者は8名（すべて死亡が理由）でした。また、特養への入居基準は申し込みの順番だけではなく、入所の必要性、緊急性も吟味されますが、前述の父の行為能力のレベルや家族の介護体制からすると父の早期入所は無理である、との妹の判断もありました。もっと必要に迫られた人たちがたくさんいるとのことでした。

以上の通り、父にとっては長年住み慣れた自宅で、家族の介護のもと、地域との交わりのなかで暮らしていくのが最も安心して暮らしていける方法であり、人間らしく最善の生活を送る方法でした。父にとっては、特養に入所するよりも無意識のうちに行動のできる自宅で、見知った家族に見守られながら暮らす方が何倍も幸せで個人の尊厳が保持されたと思います。

父はおむつ無しで過ごし、一人でトイレに行き、一人で用を済ますことができました。このことが仇となったのでしょうか。施設に入れて厳重な監視下であれば、あるいは父は事故に遭わずに済んだかもしれません。しかし、その代わり、父は自由に生き生きと過ごしていた、あの毎日を失うことになったでしょう。

私たちは大変でしたが、父の嬉しそうな、あの笑顔を毎日見ることができ、それで癒されもしました。

私たちは、今でも、私たちのやった介護を全く後悔していません。

7 認知症理解のための試み

その一方で、父の介護をしていた期間、腹立たしい思いもし、トイレで一人、「ばかやろう」と怒鳴ったこともあります。しかしながら結局は、納得するまで忍耐強く付き合うということしかないのだと、いつしか悟ったのです。

認知症の人の介護を苦にした、家庭内殺人や無理心中など不幸な事件が後を絶ちません。しかし、事件を引き起こしてしまった家族の気持ちも、私は少しずつ理解できるようになりました。家族、親族だからこそ一時的に感情が爆発するのです。父は、私に対してのみ、突然怒ることもありました。妻は「自分の領域に他の男が入ってきたので、負けてなるものか、と対抗心を燃やしているんだわ」と笑っていました。

私は、父がそうなるまで認知症のことは全く知りませんでした。介護施設に勤務していた専門職の妹や、毎日父を見守ってくれた妻の方がよほど豊富な知識と経験を有していました。そこで、私も勉強しなければ、と思うようになりました。その頃、私の娘が作業療法士になって大学病院で働くようになり、認知症の人と接触することが多いことから、娘からも話を聞きました。

認知症という病気は誰にも起こり得る、恥ずかしいものではないと理解を深めるにつれ、父に怒られても冷静に対応できるようになりました。仕事や父の介護に追われていましたので、〈認知症サポーター養成講座〉（厚生労働省が「認知症を知り地域をつくるキャンペーン」の一環として、認知症の人と家族の応援をする人を養成する取り組み）を受講する余裕がありませんでしたが、父が亡くなってから、たまたま勤務先の東京都港区で開催される講座の案内を見つけ、受講しました。

講座は2時間程度で、内容は、認知症について理解を深めるための解説と、街中でそれらしい人を見つけたときにはこういうふうに対応してほしい、という対応方法の説明でした。受講者は、私のように認知症の家族の介護を経験した方が多かったようです。

寄稿　私の思う「認知症鉄道事故裁判」①

「主治医として、診療の経過と学んだこと」

遠藤英俊

Hidetoshi Endo

国立研究開発法人国立長寿医療研究センター老年内科部長、日本老年学会理事、日本認知症学会理事、日本高齢者虐待防止学会副理事長、聖路加国際大学臨床教授、名城大学特任教授、医学博士。「老いに寄り添う医療」をモットーに、日々、認知症の臨床と研究を行っている。

私は、愛知県大府市の国立長寿医療研究センター病院において、老年内科部長を務める医師です。専門は認知症診療です。平成14年10月から平成16年2月にかけて、国立長寿医療研究センター病院の前身である、国立療養所中部病院で、主治医として高井さんの診療を行いました。

高井さんは平成14年10月7日に、中部病院の高齢者総合診療科外来を初めて受診されました。それ以来概ね月に1回程度の頻度で通院されました。主訴は物忘れでしたが、同年8月に右上腕骨を骨折しており、また慢性心不全等の持病もお持ちでした。平成15年8月に、CT検査によって慢性硬膜下血腫があることが判明しましたが、脳神経外科において平成15年8月から平成16年3月まで定期的にCT検査を受けて経過観察したものの、全く変化がなく、困った症状も出ていませんでした。高井さんの身体症状が落ち着いていたことから、自宅近くのかかりつけ医に診ていただくのがよいと考えて、平成16年2月23日に、紹介状を書きました。

以後、私は、高井さんの診療にあたる機会はありませんでしたので、最後に高井さんを診てから事故までに約7年経過したことになります。高井さんのことはなぜか印象が強く、よく覚えています。高井さんは、以前JR東海の大府駅の駅前の不動産屋を経営しておられた方であり、私が診たときには、86歳から87歳とご高齢でありましたが、お元気にしておられました。また軍隊経験のある方であり、入隊しておられた頃の話を繰り返しお聞きしたことがあったことも覚えています。

高井さんは、受診を開始された当初から、外出願望、妄想、不眠、昼夜逆転等の症状がありましたが、近医に紹介するまでの間、認知症の症状が大きく変化することはありませんでした。

診療の際には、夜間になると、ときどき誰もいないにもかかわらず、人が物陰に隠れていると言ったりすることがあるとのことで、妄想が出ていました。また、当時、30分くらい戸外を歩くことがあり、自宅にいるにもかかわらず、家に帰ると言ったりするとのことでした。このような症状は徘徊の前兆ともいえます。

さらに、ご自分の奥様をお母様と思い込んだり、子どもの顔がわからなくなったりといった症状も出ていました。このような人間関係がわからなくなる症状は、認知症が比較的進行してから現れるものです。平成16年2月に高井さんを近医に紹介した際には、高井さんは概ね中等度から重度にかけての認知症でした。


すなわち高井さんの認知症の症状の進行は緩やかであったこと、平成15年8月に撮影した高井さんの脳のCT画像上、アルツハイマー型認知症患者の脳の特徴である海馬の萎縮が見られること、慢性硬膜下血腫は、脳血管型認知症の原因になり得ますが、高井さんの場合は、血腫が小さく、脳血管型認知症の原因となるほど広範囲のものではありませんでしたので、相当程度の確度で、高井さんはアルツハイマー型認知症であったと判断してよいと考えました。

　高井さんの要介護認定に関して、平成15年3月と平成16年2月に主治医意見書を書いていますが、その際の診断名は、認知症については老年痴呆としています。これは、主たる症状や進行の経緯を総合して除外診断をしたうえで、なお認知症の型について、正確に確定診断をすることができない65歳以上の認知症の患者さんについては、診断書等に「老年痴呆」と記載することが、当時としては一般的であったためです。

　したがって高井さんの認知症に対する治療は、生活療法（非薬物療法）が中心でした。高井さんの生活状況等をお聞きして日常生活に関することや、ご家族に対して介護方法についてのアドバイスを行ったり、簡単な回想療法等を行ったりする形で治療を進めていました。適量を判断できなくなっていた高井さんがお酒を飲み過ぎないよう、ご家族に対して、焼酎のボトルに水を入れて置いてみてはどうかというアドバイスをしたこともあります。

　私がお聞きする限り、高井さんのご家族は、高井さんに対する見守り、声掛け、付き添いを行い、本当に熱心に、かつ献身的に介護をされていました。また、認知症についてもよく勉強されており、高井さんの認知症を理解するよう努めておられました。高井さんについては、ご家族の努力により、デイサービス等を利用することで十分に在宅介護が可能な状態でした。高井さんを施設に入居させることは、症状の悪化を防ぐ観点からも決して勧められませんでした。

また、高井さんは大府駅の駅前のご自宅兼事務所で長年不動産業を営んでおられ、私が問診でご本人とお話しした際の印象では、駅前のご自宅兼事務所で暮らすことがご本人の希望であり、尊厳を守ることであり、プライドであるようでした。当初の判決であったように、在宅で十分生活することができるにもかかわらず、高井さんに対し、施設入居を強要することは、ご本人の尊厳を踏みにじることであると考えます。さらに、可能な限り在宅で、地域のなかで認知症患者が暮らしていくことができる社会を作ろうとしている近年の国や自治体、医師会の地域包括ケアの取り組みに逆行するものです。


平成19年に、高井さんが列車にはねられて亡くなったと聞きましたが、その時点では、中部病院に通院していた当時よりも、症状は進行していたと思われます。認知症がある程度まで進行した場合、ご本人は、自殺をするために線路に立ち入るという判断をすることはできません。どこかに行こうとして、どこか別の場所と勘違いして立ち入ってしまったのであろうと思います。

高井さんは、近医に診ていただくようになってから徘徊することがあったと聞きました。徘徊とは、認知症の患者さんのうち30％から40％くらいの方に生じる症状です。多くの場合、中期から後期にかけて生じます。一定の場所から外に出ることができないようにすれば徘徊を防止することができますが、患者さんは、自らの意思でたとえば居宅外に出ることができなくなれば、すなわち理解できない状況に陥ることになるため、かえって焦燥感から、興奮したりして、無理の扉を開けようとしたり、怪我をしたり、転倒したりすることに繋がりますし、認知症の症状が悪化することにも繋がります。

徘徊に対する薬物療法としては、抗精神病薬が考えられますが、基本的には強い副作用があり、患者さんが重篤な状態に陥るおそれのある肺炎に繋がる嚥下障害を誘発する危険があります。高井さんには、平成14年から平成16年当時、ふらつきがありましたが、特に、ふらつきがあるような患者さんに抗精神病薬を投与することは不適当だと考えます。当時は、副作用の強い抗精神病薬しかありませんでしたので、私は、極力、抗精神病薬は使用しないようにしていました。

今回の事故は、高井さんが起こそうと思って起こしたものではありません。また、高井さんが通院しておられたときのことを考えますと、ご家族は、適切な介護を行っていたことは間違いないであろうと思います。その上で近医に日常的に高井さんを診てもらっていたのですから、それ以上に事故を防ぐための行動を取ることができたとは思えません。

最後に、今回の裁判で、ＪＲ東海が「居宅の入口を高井さんが一人では解錠できないような扉にするべきであった」と主張されましたが、先に述べたような問題点もあり、居宅の入口を認知症の患者さんが一人では解錠できないような扉にすることは、まさに人権擁護の観点から許されるものではなく、身体拘束以外の何ものでもありません。医学的な見地からも、居宅の入口を認知症患者が一人では解錠できないような扉にすることは、行うべきではありません。

ＪＲ東海の主張は、認知症に対する無知と無理解を露呈するものであり、認知症の専門医として、看過することはできません。このような患者さんの尊厳からかけ離れた対応は、犯罪的であるとすら言えると思います。

私は今後、法曹界の方たちがより認知症について学び、自分のこととして裁判を運営することを期待しています。高井さんの事件から多くのことを学びました、医師として患者と家族にきちんと向き合うことが重要であると感じています。

第四章

突きつけられた損害賠償請求

1　請求のはじまり

（1）最初の請求

突然父を失ったショックがようやく癒えてきた、事故から半年たった頃、２００８（平成20）年５月19日付で、ＪＲ東海の管理総務課法務担当から、一通の配達記録のついた「ご遺族様」宛て封書が到着しました。


〈２００７（平成19）年12月７日に弊社管内東海道線共和駅構内に人が立入り、快速列車に衝撃し列車が遅れるという事故が発生いたしました。事故原因を調査したところ、高井良雄様が衝撃されたものと認められます。謹んでお悔やみ申し上げます。

本件により弊社に別紙の通り損害が発生しておりますが、これまでに関係者の方より何ら連絡をいただけず今日に至っております。

今後の進め方などについて、ご遺族様と一度お話させていただきたいと存じますので、下記連絡先に電話をいただけないでしょうか。よろしくお願いいたします〉

別紙にあったのは、名鉄線への振替乗車費用５３４万円など合計約７２０万円という多額の請求でした（巻頭頁参照）。呆然としました。私は東京で勤務しており、JR東海本社は名古屋でしたが、母は85歳、弟はドイツ在住で、遺族のなかには他に交渉する人もいないので、この書面は私が対応するしかありません。私が遺族代表として交渉窓口になりました。

私はまずその金額よりも、「これまでに関係者の方より何ら連絡をいただけず」との表現に違和感を持ちました。

私たちは確かに大変な迷惑を掛け、申し訳なく思っていましたが、こういう場合にどうするのか、そもそも損害を支払うものなのか、こちらから連絡しなければいけないものなのか、どこに連絡したらよいのか、全くわからなかったからです。

(2) 旧知の弁護士との相談

そうは言っても放置してもおけず、そもそもこういう請求をどう考えるべきかも知りたくて、30年来のお付き合いをしていた〈あさひ法律事務所〉の浅岡輝彦弁護士に相談しました。私は信託銀行に勤務していた当時、多くの弁護士の方々と知り合い、その後も何人かの先生と親しくお付き合いを継続しておりましたが、浅岡弁護士は私が最も尊敬できる弁護士の一人でした。もう長いお付き合いなので、ざっくばらんに相談しました。

私は、父が認知症であったことを説明したうえで、「振替乗車費用はJR東海の実損だからそれなりの負担はやむを得ないのではないか。しかし人件費などまで請求するのはいかがかと思う」と自分の意見を述べました。

浅岡弁護士は、「幼児などが引き起こした事故などについてまで鉄道会社は請求していないのではないか。いずれにしても私から連絡してみますよ」と気軽に言ってくれました。長年の友人に簡単な折衝ごとを引き受けてもらったという感じでした。

浅岡弁護士は、2008（平成20）年6月3日付けで、私の代理人として「返書」を送付し、「事故が防止できなかったことを極めて残念に思う」旨を記したうえ、到着を見計らって担当者に電話しました。「認知症というなら診断書を送ってくれ」との回答を受けて、私は早速、翌週末に大府に帰り、加藤医師に事情を説明して、事故当時、認知能力はなかった旨の診断書を作成していただきました。またJR東海の理解を深めてもらうため、死亡日に作成された検死医の〈認知症があり線路上に出たと考えられる〉との説明がある、死体検案書も同時に送付しました。

これで、JR東海が言ってきた通り、何らかの話し合いが始まるものだと思っていました。「認知症のことを理解してくれるとよいのだが、相手が相手だから困難な折衝になるかもしれない……」と連絡があるのを待ち構えておりました。

2　JR東海の回答は、いきなり訴訟告知だった

(1) 配達証明付き内容証明郵便

しかしながら、JR東海からはその後連絡もなく、時間だけが経過しました。

結局、半年以上たったその年の暮れ、12月25日付けにて「ご通知」と題した、管理総務課長名の配達証明付き内容証明郵便が到着したのです。私も長い会社員生活のなかで様々な折衝をやってきましたが、何のやりとりもないまま、いきなり配達証明付き内容証明郵便を送りつけるというやり方は前代未聞でした。内容証明郵便を送るのは、何回も交渉しても、どうしても合意できずに決裂したときなどに、やむを得ずの最終通告として、後日の記録として送付するのが一般の常識です。かつ、その手紙の内容にはこうありました。

〈診断書の日付は、事故発生後6ヵ月を経過した時点となっていること、内科医作成によるものであり、認知症に関する専門医ではないことから、当該診断書の証明力には疑義があると言わざるを得ません〉としたうえで、いきなり〈本書到着後14日以内に上記損害額のお支払いがないとき、或いは少なくとも何らかのご連絡がないときは、訴訟提起等の法的手続きをとりますことを申し添えます〉とありました。

ＪＲ東海は、話し合いのテーブルを設けようともせずに、いきなり訴訟提起を通告してきたのです。この主張に沿えば、診断書は生前から取っておかないといけないことになります。そんなことは現実にあり得ません。

また、認知症の専門医でなくても、地域の医師が、認知症の人のかかりつけ医になっていることは我が国では多くなされていることです。父の死から10年を経過した現在でも、地域の認知症医療の中核となる〈認知症サポート医〉は６０００人程度で、政府は何とか1万人にしたい、と数値目標を掲げている状況なのです。当時の専門医は本当に少数だったはずです。

ＪＲ東海の主張は非常識で、難癖をつけているだけだ、と感じました。要するに、問答無用という姿勢で、巨大企業が一家族に対して宣戦布告してきた、としか思えなかったのです。

(2) 線香の一本もなく……

私は、本音では、最終的にはそれなりの負担はやむを得ない、と思っていました。

しかしＪＲ東海は通常の事業法人とは異なり、毎日、多くの認知症の人たちと接触しているはずの公共交通機関なのですから、認知症に全く耳を貸そうともしないこの態度は全く理解できませんでした。天下の一流企業が話し合いもせずに、いきなりこんな傲慢で高圧的なことをするのかと、その非常識ぶりに呆れるばかりです。

JR東海がこんなやり方さえしなかったら、たとえば形だけでも線香でも持って挨拶に来てくれてさえいたなら、訴訟になどなっていたはずがありません。浅岡弁護士は今でも、まさか訴訟になるとは全く思ってもいなかった、と言っています。


天下の大会社がこのように強硬に言ってきたら、大概の市民はびっくりして、借金をしてでも請求額を支払ってしまうでしょう。事実、後日訴訟のなかでJR東海は「すべての案件で損害賠償請求を行い、ほとんどのケースにおいて相続人は、請求に応じて賠償しています」としています。

つまりJR東海には、強く出さえすれば必ず取れる、という成功体験と驕《おご》りがあったのでしょう。しかし私たちは、このやり方に大変強い違和感を持ちました。一般的にはあり得ないやり方です。浅岡弁護士も全く同意見で、私たちは一致してこの非常識な内容証明を無視して放置することにしました。

3　その後のＪＲ東海の対応

(1) 弁護士名での督促

その後、ＪＲ東海からは全く音沙汰がありませんでした。

私は内心では、内容証明は「まず第一球のポーズ」みたいなもので、実際には何らかの連絡を契機に話し合いが始まるはずだとも考えていました。しかし、その期待は甘かったことを知ります。

２００９（平成21）年８月、今度は弁護士名での配達証明付き内容証明郵便が届きました。先のものと同主旨の「全額を支払え。さもなくば訴訟だ」という内容でした。私たちは話し合いの場も持たずに内容証明郵便を送りつけてくるだけのＪＲ東海の態度が理解できず、請求には応じられない旨の書面を２００９（平成21）年９月に返信しました。

私は、ＪＲ東海のこのような対応ぶりから、徐々に、もし大府駅の改札口で駅員が父の入場を止めていてくれたら――、もし共和駅で反対方向に向かう父に駅員が気づいてくれていたら――、もし線路に降りる階段の扉が施錠されていたら――、父はむごい死を迎えずに済んだのにと思うようになりました。

認知症のことを一顧だにしない、あまりの態度に、「父はＪＲ東海に殺されたのではないか」とさえ思うようになっていました。そう、人ひとり殺しておいて、この態度は何なのだ？　と。

（2）異例な不動産仮差押え

名古屋地方裁判所から書類が届いたのは、２００９（平成21）年11月。なんと、母名義の不動産に「仮差押え」がなされました。法定相続分に応じて、請求額の２分の１である３６０万円を請求金額としていました。仮差押え手続きは、当事者一方だけの申立てでなされるので、された側の万一の損害を担保するために、申立人が現金を供託するのですが、そこには請求金額より多い４００万円が供託されていました。

私自身の経験からしても、参考図書の解説を見ても、通常は請求金額の２、３割程度とされているのですから、１１１％を供託させたこの仮差押え決定は異常なものでした。

仮差押え手続きは、すぐに押さえないと処分されてしまって債権回収ができなくなるという、緊急性のある場合の手続きのはずですが、一度も面談もしていないのにどうして緊急性があると判断できたのでしょうか。何十年も前から父母の自宅でしたから逃げも隠れもできません。「言うことをきかないなら思い知らせてやるぞ」という傲慢な意図を強く感じました。嫌がらせとしか思えません。慣れていない人ならこういう恫喝のような対応に負けてしまうのでしょうが、私にはＪＲ東海の真意が透けて見えましたから、全く動じませんでした。むしろレベルの低い督促行為に呆れ、私たちからは何の対抗措置も採らず様子を見ることにしました。

そして最後まで話し合いの場も持たれないまま、２０１０（平成22）年2月8日、ＪＲ東海は名古屋地方裁判所に訴訟を提起してきました。ＪＲ東海のこのような対応は、突然父を亡くしたショックがようやく癒えてきた頃の出来事でしたので、私たち家族にとっては、追い打ちをかけられたような、ダブルショックとなりました。

母はちょうど88歳、米寿でした。母は当時の思いをこのように詠んでいます。

「米寿迎へし吾に起こりし出来ごとに
鍛えられつつ今日を迎える　　　　と志子」

4 後日のやりとりから判明した事項

（1）「話し合いの申し出をした」という事実と異なる主張

この、訴訟に至る経緯については、JR東海も、裁判の書面などで繰り返し私と同じ内容の説明をしています。

ところが、後日、この経緯に関してJR東海は、

〈ご遺族には事故直後から交渉を申し入れていたが、理解していただけず、裁判所に公正な判断を委ねた〉（JR東海の広報担当者。高裁判決の翌日の2014.4.25 中日新聞）

〈当社としてはまずは話し合いによって解決をする。繰り返し話し合いの申し出をしたが、残念ながら応じてもらえなかった。そのため、弁護士とも相談して熟慮に熟慮したうえで、裁判所の公正公平な判断に委ねた〉（最高裁判決の翌日の2016.3.2 JR東海柘植康英社長会見発言）

と、さも訴訟になる前に十分な交渉・検討や話し合い申し出をしていたかのような

説明をしているようです。しかし、実際の経緯は前述の通りです。ＪＲ東海が訴訟告知の内容証明郵便を送りつけたことをもって「話し合いの申し出をした」としているなら、そんな常識は世間一般には絶対にありません。

特に社長会見は日本中から注目を浴び、大変な報道合戦となった最高裁判決の翌日です。社長は話し合いもせずに訴訟提起を通告した経緯を知っていて、弁明のためにこう発言したのでしょうか。あるいは部下の説明を鵜呑みにしたのでしょうか。

(2)「一律に請求する」との方針

ＪＲ東海の準備書面（1）では次のような主張をしています。

・原告会社（ＪＲ東海）において、列車が第三者と衝撃して損害を蒙った場合、第三者の有する属性等に関係なく、すべて損害の賠償をしている。

担当者の陳述書でもこうなっています。

・列車が第三者と衝撃して損害を蒙った場合、私の記憶している限りでは、故意による立入か転落かなど線路敷地内への侵入の態様を問わず、また、その第三者の有する属性等に関係なく、すべて損害の賠償請求を行っています。

高裁判決翌日の、２０１４（平成26）年4月25日付の中日新聞では、「ＪＲ一律で実費請求」との見出しがあり、「個々にこのような事情があることは承知しているが、運行阻害の事実と責任の所在を判断して処理すべきもので、恣意性があってはいけないと考える」

と報道されています。

すなわちＪＲ東海は、理由を問わず一律全額請求する方針なのです。私たちの場合も同じで、ＪＲ東海の一律請求方針により、話し合いなどの余地もなく機械的に提訴されたと思います。

しかしながら、この一律請求方針の通りだとすると、たとえば、ホームの傾斜によって障がいを持った方の車いすが線路に落ちて事故となった場合、幼児などの行為に起因する事故の場合、老人がよろけて転落した場合なども、損害が出れば一切理由を問わずに請求されるわけですから、恐ろしい話です。

私は、最初に浅岡弁護士から連絡したことにＪＲ東海が反発して態度を硬化させたのではないかとの懸念も持っていましたが、この一律全額請求方針に基づくものだと知って逆に安心もしました。

（3）私は10年間、一度も面談したことがない

以上、どうして訴訟になってしまったのか、その経緯を説明しましたが、結局、私はその後も、訴訟中も、逆転勝訴後も、本書の出版に至るまでの10年近く、ＪＲ東海の方と一度たりとも面談も話し合いもしていません。

自社の利益だけのために、自社の債権回収方針を押しつけてきて、自分勝手な異例な仮差押えをし、一方的に裁判を提起し、その結果、完全敗北したにもかかわらず、です。最高裁判決後も、現在まで、「申し訳なかった」、の一言もありません。「法律にやってよいと書いてあることをやってどこが悪いのだ？」と開き直っているのでしょうか。

これが、日々、多くの不特定多数の乗客の生命を守るべき極めて公共性の高い企業の取るべき対応なのでしょうか。私は強い疑問を抱いています。私は、裁判前も裁判後も、この10年間、本書を書いている現時点まで、ＪＲ東海の方と一度たりとも話したことがないこと。繰り返し書きますが、これが真実です。

5　仮差押えの取り下げ（最高裁判決後）

仮差押えのその後についても説明しておきます。

ＪＲ東海は最高裁判決により、全面敗訴しましたので、前述の仮差押えも意味がなかったことになります。しかしＪＲ東海は仮差押えを取り下げても供託金４００万円はそのまま残ってしまいます。ＪＲ東海が供託金を取り戻すには、仮差押えをされた母が「損害はなかった」と認めて返却に同意する方法があります。つまり、私たちと接触するチャンスでもあるのです。別に、同意に代えて「同意があったとみなす」方法もあります。ＪＲ東海が母に対して、「損害が生じているなら、損害賠償請求の訴訟を起こせ」と催告し、母が14日以内に訴訟しないと「同意があったとみなす」ことになる方法です。

先に説明したような傲慢なＪＲ東海が、母の同意を取りに来るとも思えませんでしたが、案の定、「権利行使の催告および担保取り消しの申し立て」を行いました。

私は、結果はどうでもよいから、損害賠償請求訴訟を提起して、嫌がらせでもしてやろうか、と浅岡弁護士に相談しましたが、さすがに彼は冷静で、「高井さんらしくないからやらない方がよい」と言われて止めました。やれば、権利の主張だけをして最低限の礼儀もわきまえないＪＲ東海と同じ次元の人間になってしまい、あの世で父に叱られます。

あんな会社と一緒にされたらたまりません。

ＪＲ東海は２０１６（平成28）年４月６日、名古屋地裁から担保取消決定を受けました。極めて異例な仮差押え決定を出した裁判官が一番ほっとしているかもしれません。しかしながら、登記簿に記載された仮差押えは取り下げにより登記抹消されますが、その事実は抹消事項として今後も消えることはありません。

第五章

訴訟に臨む

1　第一審の内容

（1）ＪＲ東海の請求の趣旨

①父には意思能力があり、父の不法行為により損害が発生したのだから、民法７０９条（不法行為による損害賠償義務）に該当する。父の損害賠償義務を承継した法定相続人は、法定相続割合に応じて賠償しろ

②父が意思能力を喪失していたとしても、家族には民法第７１４条（責任無能力者の監督義務者等の責任）の監督義務があるのだから、①と同様に法定相続割合にて賠償しろ

ＪＲ東海の請求の趣旨は右記のようなもので、母や私の他、法定相続人だった姉・妹・弟も被告として提訴してきました。幼い頃に養女にいった姉や、当時ドイツのミュンヘンに住んでいた弟も法定相続人ということだけで提訴されたのです。

（2）体制作りと、この時点での裁判の見通し

私は、裁判も引き続き浅岡弁護士に依頼することにして、訴訟に臨むことにしました。家族は私に対応を一任してくれました。あさひ法律事務所も私の勤務先も東京でしたから、裁判はほとんど私一人で対応しました。

浅岡弁護士は、自分をチーフとし、他に3人の弁護士を指名して計四人の弁護団を結成してくれました。田村恵子さん・宮村啓太さんのお二人は、以前から仕事を一緒にやった私も知っている弁護士で、新進気鋭の畑井弁護士も担当してくれることになりました。浅岡弁護士は畑井弁護士に「高井さんとは、私が畑井さんと同じくらいの年齢の頃からのお付き合いです」と紹介してくれました。長い訴訟のスタートでした。

①の意思能力の主張については、私たちは全くなかったことを十二分にわかっていたので、何とか裁判所にはわかってもらえるだろうと思い、頑張ることにしました。

②の監督責任については、そもそも民法の条文や判例解釈などからしてもそう簡単ではない、過失相殺の考え方も採り入れにくいかもしれない、と弁護団から説明されていました。

もともと明治時代の大家族制度の下で、家族の一員が起こした不始末を家長がすべ

て責任を取る、といった考え方を現在も引き継ぐものとのことでした。立法経緯からして法定監督義務者は無過失責任に近い責任を負うと解されており、たとえば未成年者の行為に基づく親の監督責任はほとんどの場合認められている、とのことでした。どういう場合に免責されるのか具体的な例示もなく、免責された判例もほとんどありませんでした。

当時は、「監督責任を追及すればまず取れる、裁判をやればまず勝てる」と解釈されていたのです。

しかし時代は大きく変わり、立法時想定されていなかった核家族化や少子高齢化の社会となり、当時は少数であったはずの「成人の責任無能力者」（認知症の人たちが該当することがあります）が急増する世の中となりました。民法が想定していなかった状況なのです。私には古い時代の遺物がそのまま残っていた感じがしました。

私たちは、家族は可能な限りの介護体制を敷いていたこと、在宅介護は国の施策、介護保険法などの趣旨に沿ったものであること、そして何よりも父が隣駅構内の線路に降り立つことができてしまったのはＪＲの管理に不備があったためだとしか考えられないことなど、主張できることもあるのでやるしかない、と覚悟していました。

ＪＲ東海が一方的に攻め込んできた経緯でしたから、受けて立つしかありません。

2　私たちの提出した資料

（1）私たちの基本方針

私たちは、原告のＪＲ東海はもちろん、判決を出す裁判所にも認知症への理解を深め、介護の大変さを認識していただくため、いろいろ考えながら資料を証拠として提出しました。私たちが提出した「乙号証」と呼ばれるものは、提出を開始した２０１０（平成22）年11月から、最終２０１３（平成25）年４月まで、第一審合計75件もの件数となりました。

（2）要介護認定結果通知書などの提出

私たちは、まず、介護保険の要介護認定・要支援認定等結果通知書、主治医意見書などを母の分も含めて証拠提出しました。また後日、認定機関である知多北部広域連合から認定審査会資料なども提供を受けることができましたので、同様に提出しました。これらに基づいて、父が亡くなった当時は意思能力がなかったこと、認知症が徐々に進んでいった経緯などを審査項目別に時系列で説明できました。

また、認定手続きについて理解を深めるため、厚生労働省「要介護認定・認定調査員テキスト２００６」、平成18年4月改正「認知症高齢者の日常生活自立度判定基準」も提出し、日常生活自立度Ⅳがどういう状態であるかを説明しました。父に意思能力がなかったことを説明するための資料でした。

しかしながら、この資料では、日常生活自立度Ⅳの説明として「常に目を離すことができない状態である」とされていました。第一審判決では、これを根拠にして一瞬目を離した私たちの責任が認定されることになったようです。理解してもらおうと思って出した資料が逆に敗訴の根拠として使われるなど、思いもよりませんでした。裁判とは本当に難しいものです。

（3）介護保険法の精神の主張

また、介護保険法の条文を説明しました。

「国は、要介護状態になった者が尊厳を保持し、その能力に応じ自立した日常生活を営むことができるよう」介護保険制度を設けた（介護保険法第1条・目的）。

「介護保険給付の内容および水準は、被保険者が要介護状態となった場合においても、可能な限り、その居宅において、その有する能力に応じ自立した日常生活を営むことができるように配慮されなければならない」（介護保険法第2条4項・介護保険）。

「国民は要介護状態になった場合においても進んでその有する能力の維持・向上に

努めるものとする」（介護保険法第4条・国民の努力及び義務）。

「市町村は、被保険者が要介護状態等となることを予防するとともに、要介護状態となった場合においても、可能な限り、地域において自立した日常生活を営むことができるよう支援する」（介護保険法115条44（当時。現115条45・2）・地域支援事業）などです。しかし、監督責任は民法の定めです。JR東海からは「国民の義務を論じるのであれば、介護保険法以前に、他人に迷惑を与えてはならないという民法上の義務が存在するのであり、布の縫いつけ等によってその義務違反の責任を免れることはできないのである」と反論されました。

（4）国の緊急プロジェクト、キャンペーン

私たちは、厚生労働省が主催した、「認知症の医療と生活の質を高める緊急プロジェクト」報告書（2008（平成20）年7月）、私たちの訴訟が始まった以降に出された厚生労働省「認知症施策推進5カ年計画（オレンジプラン）」も提出しています。

また、我が国における認知症高齢者数が増加する一方であることを示した資料も厚生労働省ホームページから出力して提出しました。

さらに、当時展開されていた厚生労働省主導の活動などについても資料を証拠として提出しました。認知症を知り地域をつくる10ヵ年構想、認知症サポーター100万

人キャラバン、認知症サポーター養成講座標準教材「認知症を学び地域で支えよう」などです。認知症サポーター地域づくり事例集「活動する認知症サポーター」（2010（平成22）3版）のなかから、愛知県豊橋市「公共交通機関は全員サポーター。安心しておでかけできるまちへ」と題された豊橋鉄道、東海交通などの社員全員がサポーターとなって活動している事例など、公共交通機関に言及されているいくつかの事例を抜粋で提出しました。

（5）身体の拘束に関する資料

認知症の介護と身体拘束の関係についても、厚生労働省「身体拘束ゼロへの手引き」などを提出し、身体拘束が原則違法であること、介護の方法としても問題があることを主張しました。高齢者虐待相談・通報件数が年々増加している、との内容の「高齢者虐待の防止、高齢者の擁護者に対する支援等に関する法律」に基づく2011（平成23）年度調査結果を、2013（平成25）年4月に提出しました。

（6）父の衣服などの写真

私たちは、実際行っていた介護がどのようなものであったのか、少しでも理解してもらえるよう、妻が連絡先などを書いた布を縫いつけた衣服や靴、帽子の写真を提出しました。また、私が設置した人感センサーや、駐車場門扉が開かないよう南京錠で施錠したときの様子を撮影した写真も提出しました。

(7)新聞記事収集結果報告書

さらに私は、認知症に関しての多くの報道がなされていることに着目して、新聞記事をまとめて証拠として提出することを考えました。

皆が一生懸命にやっているにもかかわらず、不幸な事例が続出している現実をJR東海にも裁判所にも知ってもらいたかったのです。私は各主要新聞社を回って記事を収集しました。その結果、行政などの取り組みについての報道が6件、一人歩きによる行方不明や事故の事例についての報道が16件、介護が限界に達して殺人や無理心中に至った事例が19件、合計41件もの記事を入手できました。これらをまとめて、新聞記事収集結果報告書として提出しました。

(8)法律・判例などの専門的な資料

もちろん裁判ですので、弁護団は、法律面から様々な主張を行いました。意思能力のなかった精神障害者、心神喪失者に起因した事例に対する論文や判例のなかから、私たちの主張に沿ったものを、法曹時報や判例時報といった専門誌などから証拠として提出しました。監督責任を認めた判例が多いなか、弁護団は頑張ってくれました。

3　私たちが提出した陳述書

（1）〈あい愛おおぶ〉　社会福祉士・森田（旧姓：中原）史恵さんの陳述書

父が最後は週6日通所していた、デイサービス施設〈あい愛おおぶ〉の皆さんは父の様子をよくご存じでしたから、施設長さんに事情を説明し協力を要請しました。施設側に快く承知していただき、中原さんに陳述書を作成していただきました。

中原さんは、客観的な第三者として施設にいたときの父の様子を冷静に述べていました。認知症の症状、外出願望の頻度、日常の行為は指示や見守りは必要だったが、付添者の指示や介助があれば行うことができていたこと、などです。

また、この施設では出入口の施錠は行わず、職員による見守りや声がけで対応していることを説明いただきました。施錠等で外に出ることが物理的にできない状態にしておくことは、いわゆる身体拘束にあたるため原則として禁止されており、中原さんが知る限り、出入口を開けることができないようにしているサービス事業所はないこと、についても言及していただきました。

ＪＲ東海は、第一審では「父に意思能力があった」と強力に主張しましたので、私たちにとって大変ありがたい内容でした。また、こういう施設では施錠しないのが普通だと聞き、私たちにとって新しい発見でしたので、とても有益でした。

（２）国立長寿医療研究センター内科総合診療部長（当時）・遠藤英俊医師の陳述書

我が国を代表する認知症の専門医である遠藤医師は父の当初の主治医でした。父が直接診療を受けていましたので、私たちは遠藤医師に陳述書をお願いできないか、２０１１（平成23）年３月、妻と母と私の三人で訪問し、相談しました。遠藤医師が父を診察したのは２００２（平成14）年から２００４（平成16）年のことで、時間が経過していましたが、遠藤医師は父のことをよく覚えていてくださり、快く引き受けてくださいました。後日、田村・畑井両弁護士と遠藤医師を訪ね、詳細を詰めました。

遠藤医師は、そもそも、認知症の症状、種類、治療方法、徘徊に対する対応、我が国の診療体制の現状を説明したうえで、父の認知症の種類、治療、加藤医師への転医の経緯などについても言及いただきました。また、ＪＲ東海の主張への反論もしていただきました。遠藤医師の考え方は私たちの思いと同じでした。何しろ、我が国を代表する認知症専門医の意見ですから、とても心強く思いました。

(3) 私たちの陳述書

ア、ＪR東海は、２０１１（平成23）年5月、かかりつけ医・加藤医師を証人として、母を被告本人として尋問したい、と申し出をしてきました。「漫然とかかりつけ医に通院させ続けていた」と主張して、私たちの介護に過失があることを明確にしたい意図だったと思われます。しかし、加藤医師は専門医ではなかったとしても医師資格を持ち日々診療行為をされている医療の専門家です。ましてや、専門医の指示で転医した経緯です。医師の診療が適切かどうかは、医療の素人の私たちには判断のしようがない事項であり、この裁判とは関係がないと思いました。さすがに裁判所も結局、この申し出は認めませんでした。

問題は母の本人尋問でした。

このとき母は、もう89歳になろうとしていました。尋問時間は加藤医師より長い50分で、尋問事項は父の日常生活から、財産管理の状況、認知症や介護の状況など多岐にわたっていました。ようやく突然夫を失ったショックが癒えたばかりの年老いた母が証言台に立つことは、体力的な負担に加えて、当時のことを生々しく思い出させることとなり、精神的にも大きな衝撃となることは明らかでした。

事故から4年が経過、高齢で記憶も薄れている母からはさしたる証言は得られないことは、私たちはよくわかっていました。肉親の情として母をそんな目に合わせるわけにはいきません。私たちは、母への本人尋問を回避するため、私と、妻と妹の三人で、できるだけ詳しい陳述書を作成し、母に代わってJR東海が要求した質問事項に答えることにしました。私たちは三人で大体の分担を決めて、対応しました。

イ、私は長男として、全体をまとめた形で全般的に意見を述べました。内容としては、父の生い立ち、父の認知症発症、徘徊対策、在宅介護を続けた理由、財産管理状況、亡くなった日のこと、共和駅に至った経緯と現場の調査など。そして最後に自分の思いとして、「JRは自分の主張を繰り返すのみで認知症のことを全く理解していないばかりか、理解しようとする姿勢すら見受けられない」と記しました。

ウ、妹は、1999（平成11）年から地元の介護施設に勤め、2004（平成16）年には介護福祉士資格も取り、介護の実務に精通していましたから、主として介護の専門職として意見を述べました。多くの事例を見てきた立場から退院を助言したこと、介護保険の利用、住居の改善、デイサービス施設への通所などについても助言したと述べました。在宅介護を選択した理由、専門医に診せるべきとの指導はないこと、父が自殺することは考えられなかったこと、などについても言及しました。

また、認知症の人が徘徊して行方不明になることが多いこと、そのために地域で守る必要性があることなども詳述しました。

エ、妻は、２００２（平成14）年３月から私と別居し、父母の自宅の近くに住んで、父が亡くなる２００７（平成19）年12月まで、５年９ヵ月にわたって、最も身近にいて介護に携わり、父の状態を最も知っていました。従って、この立場から、父の認知症の発症、徐々に悪化していった経緯、外出願望への対応・工夫、２度行方不明になった経緯・対策、亡くなった日の状況などについて詳述しました。最後に、父とのやりとりの思い出や遠藤医師からの励ましを紹介し、裁判所の適切な判断を求めました。冷静でしたが、力の入った内容でした。

私たちの陳述書３通は、母の尋問が回避されることを意図し、意識して相当細部まで説明しましたので合計60頁に及びました。２０１１（平成23）年８月16・17日付にて作成し、裁判所に提出しました。

しかしながら、ＪＲ東海の母への尋問申し出はその後も執拗に続くことになります。

第六章

巨大企業の暴論と
裁判所の無理解

1　ＪＲ東海の主張

（1）父に意思能力があったとの主張

前に説明した通り、ＪＲ東海の請求は、「①父には意思能力があったから、法定相続人は不法行為による債務を法定相続分に応じて損害賠償しろ」「②仮に父が意思能力を喪失していたとしても家族には監督責任があるのだから、同様に賠償しろ」というものでした。第一審では、①を、以下のように強力に主張してきました。

・私たちが父に成年後見手続きを行っていないことは、父にこれらの財産を管理する、それなりの能力があったと推認し得るのである。

・父が、近所の「かかりつけ医」にしか通院していなかったこと自体、仮に父が認知症に罹患《りかん》していたとしても、その症状にはさほどの深刻さはなかったことの証左である。

・被告らは、要介護４の認定を受けた際の認定調査結果書において、父が「場所の理解ができない」と認定されていることにより、本件事故当時、「自分のいる場所が線路であり立入が禁じられている場所であることを認識できなかった」などと主張するが、根拠のない推測である。

成年後見手続きの有無と、父の能力とは別問題ですし、かかりつけ医に通院していたことと父の認知症の症状は無関係です。また、父が今いる場所がわからなかったことは事実で、前述の、入浴のエピソードの通りです。

さらに、②についてのＪＲ東海の請求の仕方では、被告５人のうち、監督責任が否定された者からは回収できません。２年も経った２０１２（平成24）年１月になって、あわてて請求の趣旨を変更し、「連帯して」という内容への「訴えの変更申立」を行なってきました。ＪＲ東海の検討もこの程度だったのです。

（２）専門医を受診すべきであったとの主張

ＪＲ東海の認知症の専門医を受診させるべきであった、との主張は、具体的には次のような内容でした。

・父の認知症の症状が悪化し続けて遂には深刻な事態となったというのであれば、漫然と「かかりつけ医」の加藤内科に通院させ続けるのではなく、認知症の専門医を受診させるなどの方法を採るべきであったのである。

・被告長男は「認知症サポーター」を自認しており、認知症サポーター養成講座標準教材に記載された認知症の治療についても当然認識していたと思料されるのであり、認知症に関して単なる「一般人」ではない。加藤内科における治療を継続しているのに症状が急激に進行していったというなら、同院による治療に疑問を抱くべきであるし、疑問を抱かないまでも専門医によるセカンドオピニオンを求めるべきことは当然の義務である。

認知症サポーターについてはこんな主張もしました。

私が認知症サポーター養成講座を受講したのは父の死後である、と説明したところ、

・被告らは、「被告長男が認知症サポーター養成講座を受講した（ただし、被告長男が認知症サポーター養成講座を受講したのは本件事故後のことである）」と、もはや意味不明の主張を展開している。認知症への理解を深めることが主目的である認知症サポーター養成講座を、わざわざ父が亡くなった本件事故後に受講するということは理解に

苦しむ（認知症の発症時や症状が進んできた頃等であれば、まだ理解できるが）。このような時期に認知症サポーター養成講座を受講することに何の意味があるのか全くもって不明である。

認知症サポーターに関する主張は役割を曲解しており、また、毎日多くの認知症の人たちと接触しているはずのＪＲ東海の主張として、誠に情けない、残念な内容だと思います。

（３）特養への入所

さらにＪＲ東海は、「特養に入所すべきだった」と以下のような主張をしました。

・仮に被告らが父の行動を阻止することができないというのであれば、それぞれ家族の一員として、積極的に何らかの対策を採るべき義務があることは理の当然である。被告らは在宅介護にこだわらずに、父を特別養護老人ホームへ入居させるなどの措置を講ずるべきだったのである。

・被告らは、特別養護老人ホームに「申し込んでいたとしても、入居することは不可能であった」と主張している。これもまた極めて乱暴な論理であり、逆に被告らが父について特別養護老人ホームの入所を断念したという時点で、在宅介護の程度を高めていれば、本件事故は起こり得なかった、とも言い得るのである。被告らの主張は、自分たちのしていた介護の程度では、本件事故が起きても当然であった、と開き直るものである。

・被告らは、特養入所申し込みをしなかった理由を4点挙げているが、すべて単なる言い訳に過ぎない。

私たちは4つの理由を「単なる言い訳」で主張したわけではありません。

（4）目を離さないようにすること

JR東海は、「常に目を離してはいけない」として、以下のような主張をしました。

・被告らは、「本件事故当時、父は、月曜日から土曜の午前9時50分から午後4時は通所介護サービスを受けていた」と主張しているのであって、少なくとも日曜日以外の日においては、被告らは「24時間一瞬の隙なく」「付き添う」必要はないのである。父が自宅にいる間（これは限られた短い時間である）くらい目を離さないようにするということは、決して過大な負担ではないのである。

・被告らは、遠藤医師の記事を引用し、認知症の専門医は『「手抜き上手の60点の介護』を勧めている」と主張しているが、介護において「手抜き」をした結果、第三者に対して損害を蒙らせた者は、「手抜き」の責任を負わなければならないことも当然である。

父は〈あい愛おおぶ〉に行っていた概ね7時間を除く17時間くらいは自宅で過ごしていたのです。「決して過大な負担ではないのである」ことはありませんでした。また、遠藤医師の「手抜き」については、悪意でさぼることを意図しているわけではないことは当然です。

JR東海のこうした表現に、歪んだ悪意を感じるのは私だけでしょうか。

（5）衣服に氏名などを縫いつける行為は「ただの甘えという他ない」!?

私たちが警察の指導に基づいて、氏名や連絡先を書いた布を父の衣服に縫いつけていたことは前に述べた通りです。この行為については以下のやりとりがありました。

・布は一辺数センチメートル程度に過ぎず、間近まで寄ったときに初めて書かれている内容を識別できる程度の大きさしかないのであって、改札口において不特定多数の旅客と対応している駅係員が当該布の存在に気づくはずもないのである（仮に当該布の存在を認識し得たとしても、駅係員には、そのような布が縫いつけられた人物を保護しなければならない義務はないことは言うまでもない）。

・本件事故当時も父の衣服及び帽子には連絡先等が縫いつけられていたことにより徘徊を防止すべく最大限の努力をしていた、と主張するが、衣服に連絡先等を縫いつけることが、なぜ監督義務を果たしたことになるのか、理解に苦しむ。これはもはや監督範囲の及ばない状態になった際の第三者の好意を期待した行為でしかなく、ただの甘えという他ない。この飛躍した論理からすれば、幼児に名札や連絡先をつけておけば、親権者が監督義務を果たしたというのと同様であり、荒唐無稽な主張と言わざるを得ない。

・被告らは、布の縫いつけを含む様々な生活上の工夫を行っていたと主張する。結局は、父は被告らに気づかれない状況で外出したということになるのであるから、被告らにおいて「工夫」したなどと堂々と言えるほどの措置は何ら取られていないのである。

私が今回の訴訟で一番腹が立ち、最も許せなかったのは、この「ただの甘えという他ない」という主張でした。これがあの一流企業のいうことか、と腹が立つと同時に、ただただ呆れるばかりでした。JR東海も「不審な荷物や人物を見かけたら駅員まで連絡ください」などと乗客の好意に期待した業務運営をしています。代金を支払っている乗客に対して、その好意を要請しているのです。しかし、こういう鉄道会社からの要請を「甘えだ」という人などいません。お互い様だと思います。

(6) 施錠と身体拘束について

施錠と身体拘束との関係については以下のように主張しました。

- 見守りの方法として、居宅の入り口を父が一人では開錠できないような扉にするとか、扉が開くと音が鳴るようにする等の少しの工夫で簡単にできるものであって、「部屋に閉じこめる」などという、明らかに非人道的な義務を被告らに対して主張したことなど、全くない。

・被告らは、「『居宅の入り口を父が一人では開錠できないような扉にする』ことは、まさしく、拘束に他ならない」と主張しているが、このような主張は、介護において禁止されている身体拘束についての被告らの誤解もしくは無理解を露呈している。財団法人脳血管研究所美原記念病院においても、すべての出入口に電気錠を導入し、夜間9時から早朝7時までの間は事務当直者に声を掛けなければ出入りできないという方法を採っている。このように、専門機関においては、認知症患者の離院・離棟は危険であると認識し、建物の出入口を認知症患者が一人では開錠できないようにするという対策を講じているのである。

・老年科医で、認知症に三十余年取り組んできたという三宅貴夫医師は、自身の妻の介護にあたり、「知らない間に家を出ることがないように特殊なカギをドアや窓に取りつけました。大きな事故に遭ってからでは遅いのも確かです」と述べている。認知症患者の家族としては、このように考え、実行する方がむしろ自然な姿なのである。

確かにあちこち探し回れば施錠している事例はあるのでしょう。

しかし、それは、仕方なくやむを得ずなされているだけに過ぎず、あくまで例外的な措置であると私は信じています。特に父の場合は、とても常時施錠しておくなど、不可能でした。ただ、報道された多くの事例のなかには、施錠を素直に受け入れている女性のケースを拝見しました。また私は、父とは異なり、縫いつけられた連絡先を記した布を指に血が滲むまでして取ろうとしていた女性を見ています。人それぞれです。百家族あれば百通りの介護がある（認知症の人と家族の会）のです。

ＪＲ東海は少しでも有利なことが記述されている資料を探し出してきてどんどん証拠提出してきました。それぞれは事実でしょうが、百通りの介護のうちの一つに過ぎない、ということだと思います。

（7）駅の管理

ア、大府駅改札口

私たち遺族は父が最後にどのような行動を取っていたのか、心情として是非知りたいと思っていました。このため、裁判が始まってからすぐに父が入場したと思われる大府駅改札口のカメラ映像などを開示するようＪＲ東海に求めました。しかし「撮影時間から2週間で消失されるため、存在していない」との回答があったのみでした。事故発生の頃に大府駅、共和駅で改札業務に従事していた従業員、駅構内にいた従業員などに対する聞き取り調査結果書面の提出も求めましたが、「存在しない」との回答でした。

民間企業なら当然に行われると思われる再発防止のための調査は全くなされていませんでした。「どうして認知症の人が隣駅の構内の線路に立ち入ることができたのだろうか」などと考えるような人は、JR東海にはいないのでしょうか。

イ、共和駅ホーム端の扉について

共和駅の現場の扉は無施錠で、子どもでも簡単に開けられるようになっていました。しかし、JR東海は、つまみで軽く止めてあるだけの状態のことを以下のような、耳を疑う、信じられないような主張をしました。

・この柵の扉には、開放防止のための施錠具が取りつけられ、常に施錠されていました（JR東海担当者の陳述書）。

・共和駅プラットホーム突端部の柵の扉には、事故防止のための施錠が施されており、全く自由に出入りできる状態とはなっていなかったのであり、原告会社には駅施設管理上の過失はない。

そこで私たちが「JR東海が施錠具と表現しているものは『取っ手』ないし『開扉レバー』に過ぎない」と主張すると以下の反論がありました。

・「施錠具」という言葉を使ったからといって、何ら不正確なことはない。講談社『日本語大辞典』によれば、「施錠」とは「錠をおろすこと」を意味し、「錠」とは「鉄などでつくって戸・引き出し・門などにとりつけ、物を保管したり戸締まりに用いる金具」を意味するとされているのであって、錠をかけていることのみを意味するものではないのである。

一体、何を言いたいのかよくわかりませんが、こんなやりとりが現実に行われていたのです。本当に疲れます。

また、JR東海は、扉を開けて階段を降りて行ったのではなく、別の方法で降りて行ったかもしれない、という主張もしました。

・プラットホームの縁端部に腰掛ければ大きな高低差はないのであるから、線路敷地内に下りることは難しいことではない。

・（扉を使わなくても）柵の中心とプラットホーム縁端部との距離は11センチメートルであり、子どもであっても、柵につかまりながら回り込んで階段まで至ることは容易なのである。

父は亡くなった当時91歳でしたから、プラットホームの端に一旦腰掛けて高い位置から飛び降りたり、わずか11センチメートルの幅しかない突端部に足をかけて回り込んだりなどできたはずがありません。なにより、目の前に簡単に開く扉と階段があるのですから、そんな危険なことをする必要がありません。これもあの一流企業から実際になされた主張なのです。

ウ、ホーム端の扉が無施錠のまま放置されたこと

しばらくして、車窓から、事故があった共和駅のホーム端でホームの改良工事が始まり、父が降りていったであろう柵も扉も撤去されたことに気づきました。私は、ひょっとしたら証拠隠滅を図っているのではないか、と勘繰りました。この現場を見れば誰でもここから線路に降りたことが容易に推察できます。しかし、工事が終わって

みると、柵も扉も「施錠具」も全く従前と同じように見事に復元され、かつ無施錠のままでした。証拠隠滅ならJR東海が少しはこの現場のことを気にしている証拠ですが、全くそんなそぶりもありませんでした。

遺族からしますと、JR東海のこの対応は、父の死を全く意に介せず、無視しているように感じました。せっかく工事したのですから扉を改良して、せめて開けにくい構造にでも変更してくれていたなら、遺族としても少しは納得もできたと思います。しかし、これでは父は死に損、犬死にです。もし施錠されていれば父は死なずに済んだはずだ、父は被害者だ、と強く思いました。

遺族の心情を全く斟酌しようともしないJR東海のやり方を私は許せませんでした。

（8）鉄道会社の義務

JR東海は、鉄道会社の義務について、以下にように述べています。

・本件事故のように、原告会社にとって予想もつかない、一般的にあり得ない事故についてまで、これを防止する対策を採ることなど不可能である。

被告らの論法でいけば、原告会社は線路沿いに、人間が乗り越えることができない壁を設置したり、道路管理者は道路について同様に人間が乗り越えることができない壁を設置したりする義務があるということになる。
　このような、子どもじみた議論をするのではなく、被告らは真摯に父の行動につき、自らの注意が不十分であったため、原告会社に損害を蒙らせたことに思いを致すべきである。被告らの主張は、自らの責任を棚に上げて、原告会社に責任転嫁をするものであって、到底正当なものではない。

　ここには、乗客の安全を守らねばならない公共交通機関としての使命や覚悟はどこにも見当たりません。線路沿いに延々と壁を設置するなど、誰が求めるでしょうか。

(9) 地域で守ること

　介護保険法の精神や厚生労働省の施策についても考えられないような主張をしています。

・被告妹が、父から目を離した被告らの責任を追及することは、厚生労働省の指導の方向性とは全く逆であるという趣旨を述べているが、そもそも厚生労働省は、「見守りや付き添いは適当でよい」などという指導は行っていない。被告らは、自分たちの都合のいいように勝手な解釈をしているに過ぎないのである。

（10）ＪＲ東海の訴訟対応と私の印象

繰り返しになりますが、鉄道会社は日々認知症の人と接触する機会の多い業種だと思います。だからこそ、事例集にも私たちが引用した豊橋鉄道を含めて、公共交通機関が度々登場しているのであり、認知症に対して前向きに向き合ってほしい業態だと思います。鉄道事業者のみならず、銀行、商業施設、建物管理業界など、同じように認知症の人たちに接する可能性の高い業態がこぞってサポーター養成講座に参加しているのです。私たちはただ、認知症の人のことを少しは思いやってほしい、と言っているだけです。

ＪＲ東海の主張は、私たちが耳を疑うような、これが一流会社の主張することかと驚かされるような内容の連続となります。勝つために行っている裁判のなかでの主張ですから、やむを得ない面はもちろんあるでしょう。しかしながら、それにしてもここまで言うのか、そこまでの必要性があるのか、という主張の連続でした。そこには節度も品格もなく、私たちは、立腹したり呆れたりの連続でした。

書面による同社の主張は攻撃的で傲慢な感じさえしました。一旦裁判に提出された書類は、我が国では国民の権利として誰でも閲覧できる、ある意味公式な資料となり、取り消すことができません（私たちの裁判資料は、現在は名古屋地裁に返却されており、誰でも閲覧できます）。ＪＲ東海は巨大企業ですから、社内に多くの組織があり、それぞれ協議しあって日々の実務を進めているはずです。たとえば法務部のような第三者的に法律行為をチェックする組織はなかったのでしょうか。

裁判から感じ取る限り、そういう統制のとれた体制には全く見受けられず、社内的には単なる一部門が担当した、少額の債権回収案件、といった位置づけだったのではないかと感じます。

そして、予想を越える大報道合戦になり、ＪＲ東海には大変な批判がなされました。ＪＲ東海はレピュテーションリスクがまともに顕在化し、大きな風評被害を被り、認知症に全く理解のない会社だ、というレッテルだけが残った形になりました。

2　執拗な母への尋問申し出と和解打診

（1）母への本人尋問の申し出

母への尋問を回避するための、詳細な陳述書の証拠能力を高めるため、３人で裁判所で証言することにし、２０１２（平成24）年1月、妻を証人として、私と妹は被告本人として私たちの方から３人の尋問申し出をしました。

しかしながら、その5日後、JR東海は、母の尋問が不可欠である旨の意見書を提出してきました。「同居していた唯一の人物」で、「父が最後に外出した際の様子について、唯一知る者である」との理由です。私たちは母の状況をJR東海や裁判所にも説明し、協議の結果、JR東海の聞きたい尋問事項に母が書面にて答えることになりましたので、2012（平成24）年3月、母の陳述書を提出しました。母はもうあまりしゃべらなくなっていましたから、内容は簡単で、特に目新しいものはありませんでした。裁判所は、母の尋問の結論は留保したまま私たち3人のみの尋問を決定し、その尋問内容を見てから母の結論を出す方針としたのです。

(2) 私たちの尋問の様子

私たち三人の尋問は2012（平成24）年7月5日の午後に行われましたが、この日、担当していた裁判官3名が3名とも交代になりました。突然かつ全員の交代ですから、私たちは大変驚きました。

私は裁判所へは職務で出入りしていて、それなりの経験がありましたが、妻と妹は、証言台に立つどころか、裁判所に入ること自体が初めての経験でしたから、大変緊張した様子でした。傍聴人もまばらでした。私たちの弁護団は4名すべてが東京から参加してくれました。

妻や妹の尋問の際に何か問題が生じたときに備え、私を最後にし、最初に妻が、次に妹が答える順番にしました。私たちの申し立てに基づく尋問ですから、先に当方の弁護士が、次にＪＲ東海の弁護士が質問しました。

まず妻が証言台に立ち、当方の弁護士の質問に答えていきました。しかし、ＪＲ東海側代理人の質問となったとき、雰囲気が一変しました。居丈高に、大きな声で、攻撃的とも思われる態度で質問してきたのです。妻が質問に答えているのに途中で遮って、大声で次の質問を浴びせてくるのです。

あまりに度の過ぎた態度でした。裁判長が見かねて何度も注意しました。妻は大変なプレッシャーを感じたろうと思いますが、特に問題もなく無事に証言を終え、トップバッターの重責を果たしてくれました。

妹にも同様な態度で対応してきました。前述の、自宅に施錠していた三宅医師の本を示して質問したり、勤務していた施設での徘徊の事例などについて質問したりしました。しかし妹は、事実に基づいて自分の考え方を落ち着いて答えていました。

二人の答弁を見ていて、私がフォローしなければならないような問題もなく、順調に進んでいましたから、私の順番がきても落ち着いて答えることができました。

結局、３人で3時間近くの時間をかけて、ＪＲ東海の質問も時間切れということもなく終了しましたので、私たちは、緊張感から解放され、やれやれとほっとして、

「あの質問には腹が立ったな」などと話しました。

（3）裁判所よりの和解の打診と母への尋問請求

尋問終了後、場所を変えて新裁判長との間で今後の進め方について協議の場が持たれました。裁判所からは、「JR東海が主張する、①の、父に意思能力があるとの主張は認めがたいが、②の監督責任についてはケースバイケースの判断になるので、和解による解決が望ましい」との考えが表明されました。当方は、「目や足の不自由な者と同じく認知症患者が一人で外出することに何の問題はなく、介護者の責任が問われるべきではないと考えており、和解は難しいと思う」と回答しました。

また、JR東海の請求する人証調べについて、「加藤医師が困難なら母についてはどうか。原告の申請による尋問を全く行わないのは相当ではない。尋問に耐えられないなら診断書などを出して欲しい」との要請がありました。

母は、2012（平成24）年6月28日付で介護保険の要介護2の認定を受け、その際の認定で「短期記憶ができない、話がまとまらない」などとされていましたので、これは診断書に代わるものだと思いました。

私たちは同年8月、90歳になった母の本人尋問をしないよう、介護保険認定結果通知書を添付して上申書を裁判所に提出しました。また、私も家族としての思いを記した同じ旨の上申書を私の名前で作成し、同じ日付で提出しました。

しかしそれでもＪＲ東海は承知しませんでした。

再度、２０１２（平成24）年９月20日付で意見書を提出し、尋問の必要性、代わる証人がいないことなどを挙げ「是非とも本人尋問を採用されるよう」主張してきました。３月に提出した母の陳述書が証拠採用されたことを逆手にとって、「母への尋問が行えないということは、原告側の反対立証の機会を奪うこととなり、甚だ公平性を欠く」といいました。

裁判手続きとしては確かにその通りかもしれませんが、私たちには仮差押えと同様、90歳の母を標的とした嫌がらせとしか思えませんでした。ＪＲ東海はこういう非情で残酷ともいえる主張を平気で行ってきたのです。

（４）和解折衝と私の結論

裁判所は母への尋問の結論を留保しながら、和解を強く進めてきました。８月22日、10月２日、11月13日と協議が行われ、11月30日まで続きました。この間、代理人から前述のような私たちの考え方を説明するとともに、私自身も裁判長と直接話をしました。

私はとても揺れ動きました。もともと法律や判例解釈からしてハードルの高い訴訟であったこと、そもそも名鉄に支払った代替輸送費用の支払いは当初はやむを得ないと考えていたこと、訴訟に対応する私たちの負担などを勘案して、和解してしまおうか、と何度も考えました。迷いに迷いました。

早く普通の生活を取り戻したい、穏便に済ませてほしいとの家族の思い、一瞬目を離した自分の責任だと自分を責める妻、金で解決できるなら終わりにした方がよいとの意向もありました。浅岡弁護士からは「判決を取る価値はあると思うが、選択肢として和解に応じることも十分にあり得る」との意見がありました。

裁判長からは厳しい結果を匂わせる発言もありましたので大いに迷いました。裁判長も法律の専門家ですから、この時点での条文解釈や監督責任を認めた多くの判例の存在を勘案して、判決にしてはいけないとの強い思いをお持ちだったと思います。

しかしながら、この時点では、初めてJR東海から賠償請求があった2008（平成20）年5月から既に4年半という時間が経過し、その間、いろいろなことがあり過ぎました。

話し合いもしないまま内容証明郵便が到着したこと、あり得ない異例な仮差押え、JR東海の認知症へのあまりの無理解、尋問時の代理人の高圧的な態度、そして、最後に90歳になった母への執拗な尋問請求です。

しかし一番は、父が降りていったであろう線路に降りる階段が、裁判中も無施錠のまま放置されていたことでした。扉への施錠は私たちが何度指摘しても無視され、無施錠のまま放置される状態が続き、管理には全く問題はないとの主張が続いていました。その場所で父が亡くなった事実を全く無視するかの如くの対応でした。危険な線路ともわからずに扉を開けて降りて行った父の姿が何度も私の脳裏に浮かび、その無念さを思うとき、扉を無施錠のまま放置しているような会社を、和解ながら許すことに耐えられなくなっていたのです。

「父は何か悪いことでもやったのか」「いや、何も悪いことなどやっていない」「なのにどうしてここまで一方的に非難されなければならないのか」という思いで一杯になっていました。父が「隆《りゅう》や。わしゃあ、なんか悪いことでもやったかやあ」と言っている気がしました。「父は被害者だぞ」と思いました。むごい死に方でした。施錠さえしてあれば父は死なずに済んだと思います。

和解して任意で賠償金を支払うのは、線路に侵入した父の行為に過失があったと認めることになります。賠償金減額と引き換えに管理責任を不問にすることになります。父の顔を思い浮かべて何度も父と相談しました。

裁判長は「扉が放置されていることは裁判とは関係がない」と私を説得しました。

被害が出ているのだから誰かが弁償するしかないんだ、と強調していました。しかし、法律論としてはともかく、私は遺族の思いとしてこの点が一番許せませんでした。

せめて再発防止のためいち早く施錠さえされていれば、他でも改善するというような再発防止策の申し入れでもあれば私の思いは全く変わっていたと思うのですが、全く無視されたままでした。「勝手に線路に入りやがって」とでもいうような高圧的な請求に押されて賠償額を圧縮するためにのみ和解することになるのです。

父の死は一体何だったのか、父はそんなに悪いことをしたのか、父は殺されたようなものだ、との思いです。

もっと早い時点での和解折衝であれば、また別だったかもしれませんが、私はこの時点ではもうJR東海を全く許せなくなっていました。本当に腹を立てていました。父は少しばかりの財産を残しましたし、私も勤務した信託銀行では上司・部下にも恵まれ、取締役になっていて、請求金額くらいの貯えはありました。万一のときは支払ってやる、と腹をくくりました。和解はしない、裁判所の命令ならいくらでも払ってやる、と決断しました。最後まで自分の考えを変えませんでした。

最終的に、私は和解を断り、判決をお願いすることにしました。弟と姉妹には、父は何も悪いことはやっていないのだから、と説明しました。

その後、裁判は和解から通常の手続きに戻り、裁判所から「双方の準備書面の内容を踏まえて検討したが、母の本人尋問は必要性がないと考えるので採用しない」との結論が示され、判決日を指定し、第一審手続きがすべて終了しました。裁判長は「原告請求の人証調べを全く行わないまま原告敗訴になれば原告は納得しないだろう」と述べていましたので悪い予感が残りましたが、それよりも、母につらい、嫌な思いをさせずに済んだことで心から安堵しました。判決がどうなるか、という不安より、このことの方が嬉しく感じていました。

3　第一審の全面敗訴判決

２０１３（平成25）年８月９日が第一審判決言い渡しでした（名古屋地方裁判所民事第6部、裁判長上田哲）。

判決は私たちの完璧な敗北でした。

姉・妹・弟に対する請求は棄却されたものの、母と私に対して全額支払いを命じました。第一審判決の前、私は厳しい結果になるかもしれない、とある程度覚悟はしていました。それにしても、予想を上回る、見事なまでの完全な敗北でした。

私に対しては、

・家族会議は私が主催して行われ、私が最終的に方針を決断した。重要な財産の処分や方針を決定する地位は私に事実上引き継がれた。よって、私は、法定監督義務者や、代理監督と同視し得る父の事実上の監督者といえる。

・常に目を離すことができない状態とされている父が、他人の生命、身体、財産に危害を及ぼす危険性を具体的に予見することは可能であった。

・それにもかかわらず、私は、事務所出入り口のアラームを切ったままにして、音量を調整できるものに取り替えるなどをしなかった。また、妹に訪問頻度を増やすように依頼したり民間ヘルパーを依頼したりするなどの措置も何ら講じていない。よって賠償責任がある。

母に対しては、

・父が線路内に侵入したり、他人の敷地内に侵入したり、公道上に飛び出して交通事故を惹起したりなどして第三者の権利を侵害する可能性があることを予見し得えたのだから、母には注意義務があった。

・にもかかわらず、父と二人だけになっていた際に、まどろんで目をつむり、父から目を離していたのであるから注意義務を怠った過失がある。

一方、ＪＲ東海の過失については、以下の理由で全く認めませんでした。

「そもそも父がどのようにして本件事故現場に至ったかは不明であるし、原告に対し、線路上を常に原告の職員が監視することや、人が線路に至ることができないような侵入防止措置をあまねく講じておくことなどを求めることは不可能を強いるもので相当ではない」

判決は、監督義務者の免責の可否にも全く踏み込んでいないばかりか、介護保険法の精神のかけらも見当たりませんでした。認知症の人たちを危険な存在としかみていませんでした。介護に一生懸命携われば携わるほど責任を問われることになる理屈ですから、判決は、認知症の人の介護に携わっている人たちにとって最悪の結果のみを残す結果となりました。

判決が指摘する、「事務所出入り口のセンサーを切ったままにしていた」「妹に訪問頻度増を依頼する」「民間ヘルパーを依頼する」などの事項をすべて徹底しても、一瞬の隙なく監視することはできず、外出防止はできません。母がまどろんだことが過失だとの指摘は論外です。これでは、施錠・監禁、施設入居が残るのみです。父は住み慣れた自宅で生き生きと毎日を過ごしていましたが、それは許されないことになります。また、判決に再三使われた、父の介護体制は「介護者が常に父から目を離さないことが前提となっていた」との表現が、私たちが証拠として提出した、「認知症高齢者の日常生活自立度判定基準」から引用されたと判断されました。「常に目を離すことができない状態である」とされていた、留意事項の文言そのままでした。

当時は、監督義務者が無過失責任に近い賠償責任を負うのが当然と言われていましたが、その通りの判決で、第一審判決はJR東海の主張に沿った、JR東海の完勝でした。私たちの主張は門前払いといった内容でした。

国の地域で支えるという方針に沿って、介護保険法や虐待防止法の精神などを遵守し、どんなに一生懸命介護をしていたとしても、一旦他人に損害を与えるということになれば、民法が優先しほぼ無過失責任を負担しなければならない、という結果でした。私は厚生労働省の施策にそのような落とし穴があるのなら、きちんと説明して欲しかった、いささか無責任ではないかとさえ感じました。

「では、私は一体どうすればよかったのですか」

私は裁判長に対して叫びたい思いでした。しかしながら、法律の専門家は、「請求すればまず取れる。裁判やればまず勝てる」という当時の考え方通り、「当然の判決だ」と論評していました。

寄稿　私の思う「認知症鉄道事故裁判」②

「認知症鉄道事故裁判への思い」

森田（旧姓：中原）史恵

Fumie Morita

名古屋市生まれ。社会福祉士、介護支援専門員。平成14年よりJAあいち知多デイサービスセンター「あい愛おおぶ」生活相談員。平成21年より、JAあいち知多居宅介護支援センター「あい愛おおぶ」介護支援専門員。

1、陳述書作成の経緯

平成22年3月、高井隆一様がＪＡあいち知多福祉施設〈あい愛おおぶ〉（以下「当施設」とします）へ来所され、裁判に至った経緯の説明と協力依頼を受けました。

私は平成14年4月に社会福祉士の資格を取得し、以後、当施設において福祉介護の業務に従事しています。事故当時はデイサービスセンターの生活相談員として配属されており、ご利用者様の受け入れ、ケアマネジャーとのやりとり、契約、施設利用のコーディネート等の仕事を担当しておりました。当時、生活相談員は私を含め3名おりましたが、裁判への協力依頼を受けた時点では他の2名は異動や退職をしており、当施設でケアマネジャーとして勤務を続けていた私が協力させていただくことになりました。

2、良雄様とご家族様

良雄様は平成14年10月から当施設のデイサービスの利用を開始され、事故当時は週6日、ほぼ休みなく通われていました。

利用開始時は私も社会人1年目であり、良雄様への援助やご家族様が協力して介護されているご様子から学ばせていただくことも多く、今でも印象深く記憶に残っています。

事故当時の良雄様の認知症状はかなり進行していましたが、毎日一番前の同じ席に座り、穏やかな笑顔で職員や他の利用者の話に耳を傾け、レクリエーションにもにこやかに参加されていました。

1日に何度も「家に帰らないといけない」「仕事があるから」と帰宅願望を訴えられることもありましたが、職員が声を掛けたり仕事の書類に見立てた紙をお渡ししたりすると落ち着き、施設のドアを無理に開けて出て行こうとされることはありませんでした。ご自宅でも外出されようとすることが多かったとお聞きしていますが、私どもがお聞きしている限り、ご家族皆で協力して見守り、声掛け、外出への付き添いなど、とても献身的に介護をされているご様子でした。毎日の介護でお疲れの日もあったと思われますが、そんな様子は微塵も見せず、朝も夕方も施設の送迎車にいつも笑顔で手を振って見送ってくださる、素敵なご家族でした。

3、悲しいお別れ

当施設では、ご利用者様がお亡くなりになったという連絡を受けると、都合がつく限りお悔みに伺い、ご本人様と最期のお別れをし、ご家族様に介護の労をねぎらうお声掛けをさせていただきます。

しかし、良雄様の訃報は電話でご家族様が「亡くなりました」とただ繰り返されるばかりで、どのような状況で亡くなったのかもお話されず、お悔みに伺うことも固辞されました。前日まで元気にデイサービスを利用されており、ご本人様もご家族様も何一つ普段と変わった様子がなく、病気が原因であれば事情もお話くださるはずであるので、この電話からただならぬ雰囲気を感じました。

その後、担当されていたケアマネジャーから「新聞に電車事故の記事が載っていた。ひょっとしたら、この事故が原因かもしれない」と連絡をいただきました。直ちに新聞を確認すると、氏名は記載されていませんでしたが、私の知る限りの情報にすべて合致する記事に直面し、想像以上の悲しい状況を認識し、愕然としました。

しかし、これはあくまでも私どもの憶測であり、直接ご家族様からは何も伺っていないので、不確かな情報を広めてはいけないと判断し、施設内でも施設長と相談員の計4名のみ知ることとし、他の職員にも伝えませんでした。私も大きなショックを受けましたが、私どもには業務上、守秘義務があります。そのため、この話は誰にも口外しない覚悟を決めていました。

素晴らしい介護をされていたご家族様に労いの言葉を掛けたり思い出話をしたりすることもできず、多くの職員とも大きな悲しみを共有することができない、私にとってはこれまで経験したなかで、最も悲しいお別れとなってしまいました。

4、陳述書作成

そんな悲しみが癒えることなく2年余りが経過し、陳述書作成の依頼を受け、初めてご家族様から事故の話を伺うことができました。そのときはＪＲ東海がそのような対応をされていたことまではお聞きしていなかったので、「あんなに家族皆で協力して、しっかり介護されていた良雄様が事故に遭われただけでも悲しいのに、家族に監督責任まで追及されるなんて、認知症介護の大変さへの世間の認識はそんなに低いのか」と、ただやり場のない怒りに震え、たとえ施設（本部であるＪＡあいち知多）が裁判へ協力することに反対したとしても、私は一社会福祉士として、ご家族様がしっかり介護されていたことを裁判官に理解していただけるよう、協力できることは何でもしようと決意したのでした。結果としては施設から反対されることもなく、陳述書を作成することになりました。

陳述書の作成に当たっては、畑井弁護士他に、施設に保管されていた記録と私の記憶から、事故当時の良雄様の身体状況や認知症の状況、ご家族様の介護されていた様子をお話し、素案を作成、何度か修正の後、平成23年2月に完成しました。しかし、裁判でこちらの主張がすんなり通れば、この陳述書も提出しないかもしれないというお話を伺っていたと思います。この時点では、私も社会的議論を巻き起こすような大きな裁判になるとは、全く考えていませんでした。

5、判決を受けて

一審判決のニュースをテレビで見て、思ってもみなかった結果に、自分の目を疑いました。家族が認知症の方からひとときも目を離さずに生活することは困難です。現在の介護保険上、デイサービス利用の時間以外もヘルパーが常時見守りをするようなサービスは存在せず、介護保険以外のサービスで賄おうとすると、莫大な費用が掛かります。そこまでしなければ「介護体制に過失があった」とされてしまうのであれば、誰も在宅介護などできません。

二審判決についても、多くの高齢者とかかわる者として、85歳で要介護1の女性に監督責任を取らせることは、とても現実的とは思えません。自分の身の回りのことをするだけで精一杯であり、その上で良雄様の介護をされていた奥様は、とても頑張っておられたと思います。

最高裁判決を受け、やっと良雄様とご家族様の在宅介護を頑張っておられた様子が認められたと思い、心からほっとしました。

この裁判を通して、事故の賠償責任や監督責任への問題提起となり、多方面で議論されることとなりました。良雄様とは悲しいお別れとなってしまいましたが、社会にとても大きなものを残してくださったと思います。

私も日々の記録の大切さや、認知症の方への介護が、一般の方からどのように見られているのかなど、勉強になることも多く、貴重な体験をさせていただきました。今後も介護に携わる者として、この事故を教訓とし、ご利用者様一人ひとりに対して、その場で考え得る最善の介護体制の提案と、事故防止へ努めていきたいと思います。

このような機会をくださった良雄様、ご家族の皆様に心から感謝申し上げます。ありがとうございました。

〈あい愛おおぶ〉で父が作ったもの。

第七章

報道と援軍の支援が始まった

1　直ちに控訴した

私はとても強いショックを受けて、しばらく眠れない夜が続きました。「しまった、あのときに和解に応じておけばよかった」と本当に後悔しました。

また、私たちは父が二度いなくなったことや、事務所出入り口センサーを切っていたことなど、私たちにとって不利な事実についても、正直に説明していましたが、嘘も方便で、正直にやりすぎたのかな、とも思いました。

何より一番問題だったのは、「とんでもない判例を作ってしまった」との思いでした。前に述べました通り、私は認知症の介護の大変さを体験していましたし、多くの認知症の人や家族、とりまく関係者などの方々が日々介護に奮闘されていることを肌身で感じていました。そうした方々にとって絶対にあってはならない判決でした。また、一旦世に出てしまった判例の重みも理解していました。「絶対に、こんな判決を確定させてはいけない、後の世に残してはいけない、判決に対しては判決で取り消しかない」と判断し、直ちに控訴することにしました。

私には、控訴以外の選択肢はありませんでした。

第一審判決の結果、私と母だけが被告として残ることになりました。母は私に任せていましたから、私は弁護団に控訴する意思を伝え、引き続き弁護を依頼しました。判決で請求棄却された弟姉妹3人は、法律的に裁判から解放されました。

こうして2013（平成25）年8月22日付で、控訴状を名古屋高等裁判所に提出したのです。

2 〈危険な存在〉はどちらなのか？

第一審判決やJR東海は、認知症の人を〈危険な存在〉と見ていましたが、逆に、私たちもJR東海のことを〈危険な存在〉と見ていました。

第一審判決には「仮に執行できる」との宣言がついていました。第一審判決を債務名義として私と母の財産に強制執行できる権利が付与されていたのです。暫定的な権利ですから、もし逆転敗訴になれば回収金を返却することになるので、緊急性がなければ実行しないことの多い権利です。

しかし仮差押えや母への執拗な尋問要求でもわかる通り、相手は法律で可能とされていることなら何でもやりかねない会社です。私たちは強制執行してくる可能性は十分ある、とみて9月13日付で名古屋高等裁判所に強制執行停止決定申し立てを行い、10月4日付で決定を受けました。担保として供託金が必要でしたが、相応の水準に収まり、異常だったＪＲ東海の仮差押え供託金とは大きく異なるものでした。これで安心して控訴審に臨めることとなりました。

3　マスメディア各社の報道の開始

２０１３（平成25）年８月10日、まず日本経済新聞が初めて判決内容を報道しました。

それを皮切りに、メディア各社から取材依頼が殺到しました。すべての記者が判決内容に憤慨し、判決やＪＲ東海の対応を批判し、大半の報道機関が判決内容に疑問があるとの内容を報道してくれました。週刊誌も同様でした。12月11日には、〈公益社団法人認知症の人と家族の会〉が「認知症列車事故、名古屋地裁判決に対する見解」として、「家族に責任を押しつけた一審判決は取り消すべき」との内容の見解を発表しました。内容が明確で直線的でしたから、とても励まされました。

それまでは、巨大企業対一個人の闘いで、弁護団の励ましはあったものの、私は大変孤独で、「ひょっとしたら私たちの主張はおかしいのか、世間一般の常識からかけ離れているのではないか」と、ともすれば弱気になることもありました。「もともと勝ち目のない裁判をやってどうなるのだ」と自虐的にもなりました。

しかし報道を見て、私は、「自分たちがやってきたことは間違いなかったのだ」と少しずつ自信を取り戻しました。敗訴のショックで沈んでいた私の心を、家族の会の見解が勇気づけてくれました。

また、私はそれまでは、たとえば新聞社に記事収集に行くときにも裁判のことを伏せて活動していましたが、報道や見解に接するたびに、正々堂々と活動してもよいのだ、と思うようになりました。大変心強く、励まされました。

しかしながら、妻や母、弟、姉妹は大報道に翻弄されることになりました。小さな町のことですから、買い物に行っても美容院に行っても毎日、毎日話題になって恥ずかしくてしょうがないと言うのです。普通の生活ができないと言うのです。特に妻は自分を責め続けており、敗訴のショックが加わりました。

私も家族に迷惑をかけていることはよくわかっていましたから、申し訳ないと思っていました。第一審のときと違い、控訴審以降はたくさんのメディアや関係者の方々の注目を浴びることになり、私が出て行けば真っ先に報道されるだろうと予想されました。家族の、一刻も早く終わらせて欲しいとの意向を受けて、控訴審以降、私は公判などには出席せずに代理人弁護士にすべて任せ、メディアにも匿名で対応することにしました。こうすることで、家族の思いとの折衷を図りました。メディアの方々にはすべて了承していただきました。

大半が私たちに同情的ななかで、ネットなど匿名でものを書ける媒体では私たちを強く批判するものもありました。すさまじい非難に、検索した日の夜は眠れませんでした。後日、熊本地震の際、義援金を寄付した芸能人が心無い人たちに批判されたとの報道に接した際、私は当時のことを思い出しました。当事者にはとてもこたえるものでした。

4　控訴審の対応

(1) 予想より早い結審予定の表明

私たちはまず、２０１３（平成25）年10月15日付で41頁にも及ぶ控訴理由書を提出したうえで、第一審判決について整理、検討を開始しました。弁護団は、第一審判決で父には意思能力はない、と判示されましたので、監督責任に絞って検討できるようになりました。しかしながら大変困難な訴訟になることは必至でした。後日、このときの思いを浅岡弁護士は、「この裁判は最高裁まで行かないといけないかもしれない。しかし、十分逆転勝訴する可能性のある案件でもある、と思った」と述べています。

弁護団はそれでも集中的に、精力的に検討しました。ＪＲ東海も控訴審準備書面を提出し、11月22日に第一回口頭弁論が開かれました。私たちは、第一審を批判する21件の新聞記事に加え、神戸で起きた、ケアマネージャーが認知症の人の利用宅玄関に施錠して、事業所指定の全部効力停止処分を受けた事件を、施錠が厳禁である事例として証拠提出しました。

この弁論期日の際、裁判所より、次回の２０１４（平成26）年1月16日で結審するので年内に主張を整理して書面提出せよ、その後和解を勧告するとの方針が示されました。私にとっては予想外に早い展開でしたが、弁護団はこんなものだろう、というので私たちは検討を急ぐことにしました。

（2）意見書の作成依頼

①堤修三さん

法律論は私の出番ではありませんので、弁護団に任せるしかありません。しかし第一審で和解を断って全面敗訴の判決に導いた私は、私の責任としても何かリカバリーできることはないか、自分でできることはないか、と考えました。その結果、厚生労働省に近い認知症の専門家に意見書を書いてもらうことはどうか、と思い至りました。

第一審では、厚生労働省主導の施策やキャンペーンなどは十分説明していましたから、裁判にさらにより強いインパクトを与えるにはOBなど肩書を持っていた方の見解が有効ではないかと考えました。私はそういう方を全く知りませんでしたので、取材に来た多くの記者のなかから、私たちの裁判に真摯に向き合い、その後も関わりを持っていただいた、毎日新聞社編集編成局特別報道グループの銭場裕司記者にふさわしい人がいないか相談をしました。その結果、厚生労働省の元老健局長で、介護保険制度の創設、実施に携わった堤修三さんの存在を知りました。

年内が期限でしたので、急ぎ2013（平成25）年12月4日、私と浅岡弁護士とでお会いしました。堤さんは、私たちの裁判のことを詳しくご存じで、真剣に私たちの申し出を聞いてくださいました。法律にも詳しく、私たちの裁判について自らの個人通信である「柹木庵《しもくあん》通信」に論評を発表されているほどでした。私は意見書を書いていただくにふさわしい方だと思いました。堤さんは、「私たちがやってきたことが否定されたとも言える、許しがたい判決だ。絶対に負けられない。ただ、10年も前に退官した私よりもっと適任の方がいる」として2012（平成24）年に厚生労働省を退官されたばかりの前老健局長・宮島俊彦さんの名前を挙げられました。宮島さんは、堤さん同様国の認知症施策の企画推進機能である老健局のトップを務め、オレンジプランの実現に向け注力されていた方で、私たちの希望に沿った、これ以上ない方でした。

また、堤さんは、認知症ケア研究の第一人者である、認知症介護研究研修東京センター研究部長の永田久美子さんの名前を挙げ、「研究者として意見を述べてもらうべきだ」と言われました。実は、私は第一審のさなかに、何か裁判に有益となるような資料がないか、高井戸の同センターを訪問したことがありました。そのときは永田さんのことも存じ上げませんでしたから、裁判のことには触れず、「身内に認知症の人がいるから」と説明して、窓口で2、3質問をしただけで帰りましたが、これも何かのご縁でした。

堤さんはその夕方すぐにお二人に連絡して、意見書を提出いただくことに承諾をとってくださいました。

②宮島俊彦さん

宮島さんは、すぐにあさひ法律事務所にお越しになり、ご自身の意見を述べられました。ご自身の意見をまとめられた『地域包括ケアの展望——超高齢社会を生き抜くために』(社会保険研究所)と題する著作をその年の3月に発行されたばかりでしたので、その内容も引用しながら意見書を作成いただき、「我が国の認知症施策」「在宅で暮らすことが相当と考えられている理由」「在宅での生活を継続することが危険であるとは考えられていないこと」について熱心に意見を述べてくださっています。

続いて、第一審判決が根拠として度々引用した、日常生活自立度ランクⅣの判定基準にある「常に目を離すことができない状態」との表現について、「日常の起居動作を本人が自立して行える状態になく、常時、他者の手助けを必要としていることを指しているのであって、四六時中、認知症の人の動静を看守しなければならないという意味ではない」と意見されました。

最後に、「原審判決は、単独での外出の完全防止という、不適切かつ実行不可能な行為を認知症の人と家族に強いるものであると言わざるを得ない。かかる判決は、これまで述べてきた認知症ケアの基本的な考え方、我が国の認知症施策に逆行するものであり、認知症の人に対する抑制と拘束、これによる身体機能の廃用が横行していた1970年代まで、我が国の認知症ケアの仕組みを退行させかねないものである」と結びました。

私たちにとっては、これ以上ない最高の内容となりました。

③永田久美子さん

永田さんには、田村・畑井両弁護士とで12月9日にお願いに上がりました。「第一審判決は到底容認できないので、喜んで協力させていただきます」と言ってくださいました。認知症ケア研究の第一人者として、一般論だけではなく、「実際に父の症状や介護がどのように行われていたのかを十分知って理解したうえで意見書の内容を考えたい」とも。そこで私はそのあとすぐ、第一審の資料すべてを届け、参考にみていただきました。何しろ時間が無いなかで、かつ持参するだけで手が痛くなるような大量な資料でしたから、短い間に目を通すだけでも大変だったと思います。裁判所からは、年内に書類を提出するよう指示されていましたので、永田さんは、期限ぎりぎりまで内容を推敲いただき、12月30日付で19頁に及ぶ意見書を提出いただきました。

まず一般論として、認知症の人の状態の特徴と介護について、なじみの環境の重要性などを述べたうえで、父の症状や介護の状況に言及しています。具体的には、父に関する事実経過からみると、本人の実態以上に危険を過大視していること、父の行方不明や第三者に危険を与える行動をとることを予見することは困難であったこと、わざわざヘルパーを採用する合理的な理由が見当たらないこと、事務所のチャイムについても、認知症の人の一人での外出による事故を防ぐことができるとは考えられておらず、自宅の多くにチャイムがつけられているという事実はないこと、平成19年当時はGPSを使っている人はほとんどいなかったことなども述べられました。

ヘルパーや事務所のチャイムのことは第一審判決で重要な根拠要素となっていましたから、私たちにとって大きな意味のある意見書となりました。

最後に、「私たちが過失ありとすることは、認知症の人等のみではなく、認知症になるかもしれない中高年者、独居や老夫婦世帯の親を持つ子ども世代等、多種多世代の生活と介護に多大な不安と負荷をもたらします。認知症の人の行方不明／事故死は、家族や一部の人のみの責任を持って解決できる課題ではなく、本人と家族、地域住民、専門職、交通機関をはじめとした社会の幅広い産業分野、そして行政が役割を分かち合いながら協働して取り組むことで初めて達成できる今後の重要課題です。現状と今後にむけて、救いと希望のある判決を下されることを心より願っております」と結ばれています。

④鳥羽研二病院長（当時）

また、田村弁護士は、国立長寿医療研究センター鳥羽研二病院長（当時）とのやりとりを「聴取報告書」にまとめ、提出しました。同センターの遠藤医師は実際に父の診療にあたっていただいた主治医の立場でしたので、第三者の識者として、鳥羽院長に父の介護認定に関する認定調査結果や主治医意見書、診断書などの内容について見解を述べていただいたのです。認知症の人にとって、なじみの人間関係、場、状況を確保することは重要であること、徘徊自体は本来的に他人に対して無害な行為であること、この判決は、認知症を地域で支える、在宅で認知症を見ていくという厚生労働省のオレンジプランと全く逆行する判決である、と主張されています。

宮島さん、永田さん、そして鳥羽病院長の3人に語っていただいたことで、第一審から繰り返し主張してきた私たちの思いがさらに裏づけされることとなり、これ以上ないものになりました。

（3）その他の控訴審へ提出した証拠

前述の、認知症の人と家族の会の見解については、会の勝田登志子さん（母と同じお名前です）が委員として社会保障審議会介護保険部会に提出された資料の一部として、証拠提出しました。

また、「認知症の方に限らず、顧客の自宅で特定の個人の動静を看視することは行っていない。また、過去にそのようなサービスを提供していたこともない」との警備会社とのやりとりも畑井弁護士名で、電話聴取報告書として提出しました。

私と妻とで、第一審判決で指摘された項目について反論する内容の陳述書を提出しました。たとえば、家族会議など開催していないこと、事務所センサーアラームの電源を切っていた理由、ヘルパーを依頼したことがあるが父が混乱したため止めたこと、などです。「共和駅ホーム端の扉が急に施錠されたこと」も説明しました。私が提出した陳述書の一部を原文のまま紹介します。

〈私は、何人もの記者の方々が、共和駅を見に行くので見取り図を教えて欲しい、などと言われていたこともあり、10月に共和駅のホーム端を見に行きました。するとどうでしょう、問題の扉に真新しいチェーン錠が巻きつけられ、扉は少ししか開かず人が出入りできないようになっていたのです。上記のように、あらゆる詭弁、屁理屈を動員して、長期間無施錠のまま放置していたのに急にどうして、「真の」施錠をしたのでしょうか。現場を見れば、誰でもこの扉を開けて階段を降りて行ったと考えるのが自然だと感じます。私は原判決によりＪＲの姿勢が強く批判され、報道陣も見に来るし、さすがに、もしここで同様な事故でも起きたら何を言われるかわからない、再発防止を怠っていた俺たちの責任になるぞ、と慌てて、チェーン錠を設置したに違いないと確信しました。何という場当たり的な、姑息なその場限りの対応をするのかと、腹立たしいのを通り越して、呆れる思いでした〉

（４）準備書面の提出と和解折衝

私たちは、以上に述べた対応や成果を、準備書面に集約して、裁判所の指示通り、

2013（平成25）年12月31日付で、多くの証拠とともに提出しました。陳述書で皆さんが述べられたことを引用して、力の込もった内容になりました。

JR東海は、「控訴人らは今回認知症介護の在り方について独自の主張を展開しているが、もとより本件は財産権の侵害を争点とするものであって、認知症介護の在り方とは次元を異にするものである。控訴人らは徒に論点のすり替えを目論み、損害賠償義務を免れようとしているに過ぎない」などと主張しました。

控訴審では和解をするよう勧告や打診を受けることが多いのですが、私たちの裁判も同様でした。

和解期日は、1月12日と、2月12日の2回開かれました。しかし、第一審の際の和解折衝とは異なり、是が非でも和解をまとめたいという雰囲気でもありませんでした。裁判所も、本件の社会的影響の大きさを考えると、和解ではなく判決を求めたいとの考え方もわかるとして、一定の理解を示したのです。

私は、第一審で一旦はこういう判決が出たとの事実は消えず、その後もいろいろな局面で判例として引用されることになるに違いないと思い、判決を求めたいと弁護団にお願いしました。この時点で、私たちの予想を大きく上回る世論の高まりがあり、この裁判は、もう私たちだけの裁判ではなくなってきていることを肌で感じていました。

和解は結局不調となり、裁判所より、最終の主張を3月10日までに提出するよう指示があり、4月24日、判決言い渡しの予定となりました。

その間、毎日新聞が平成26年1月12日付で、この8年間で、少なくとも認知症の人115人が鉄道事故死しているという調査結果を報じました。毎日新聞は銭場記者などを中心に独自に国土交通省から情報公開請求で得た資料を調査しており、従来報道されていなかった、全く新しい視点からの調査報道でした。

鉄道会社が被った損害の賠償請求については、遺族や関係者への取材の結果、「JR各社では請求しないケースが目立つ一方、他社では『原則請求』の対応が少なくないとみられる」と報じました。JR各社の対応については、5件について調査されていましたが、JR東海のみが請求（本件です）し、九州、東日本、西日本、北海道の4社は請求しておらず、JR東海の対応が突出していました。

おそらく鉄道会社の対応についてなされた初めての調査ではないかと思われますので、私たちはこの報道についても早速追加で証拠提出することにしました。

なお毎日新聞は、その後も新しい視点からの報道を続け、十分に調査もしないまま身元不明者として施設に長期間収容されていた、認知症の「太郎さん」（仮につけられていた名前）などの事例を発掘し、一連の報道により新聞協会賞、菊池寛賞を受賞するのです。

私たちは、裁判所の指示通り、準備書面（2）を2014（平成26）年3月10日付にて提出しました。私は事実上の監督者に該当しないこと、仮に認められなくても免責が認められるべきであると、成年後見人制度や精神保健福祉法や判例、学説を引用して主張しました。弁護団はよくやってくれたと思います。私は、これでやるべきことはすべてやったとの満足感がありました。

5　控訴審判決

平成26年4月24日、判決が言い渡されました（名古屋高等裁判所民事第3部、裁判長長門栄吉）。当日、私は家族の思いを汲んで欠席しましたが、名古屋高裁の48ある傍聴席はすべて埋まり、テレビカメラも入りました。しかし、どういうわけか、ニュースで流れた映像には、JR東海の代理人は着席しておらず無人のままの被控訴人席が映し出されました。私の代理人は堂々と着席していました。

判決は、「母に請求額の二分の一である360万円を支払え」でした。

母について、判決は民法752条の「夫婦の同居、協力及び扶助の義務」に基づき、「現に同居して生活している夫婦については、一方が自立した生活を送ることができなくなった場合には、一方の配偶者は、介護し監督する身上監護の義務を負う」として、精神保健福祉法の考え方も引用し、母は監督義務者に該当するとされました。そして、「事務所センサーの電源を切ったままにし、監督者として十分ではなかったから賠償義務がある」とされました。配偶者としての責任が前面に押し出された内容でしたから、夫婦の一方が認知症になったら、さっさと離婚しないといけなくなる、との強い批判が出ることとなりました。

私については、会議を招集して主催したという証拠もなく、20年以上別居していたのだから、事実上の監督者に該当するものということはできないと認定し、賠償義務はないとされました。

父の移動経路については、「父は、本件事務所から一人で外出して大府駅から電車に乗り、共和駅で降りたものの、そこから、排尿のためにホーム先端のフェンス扉を開けてホーム下におりたものと推認するのが相当」としました。私たちの主張通りでした。

ＪＲ東海の管理体制については、「過失とはいえないが、不法行為法における損害の公平の分担の精神に基づき、裁判所は総合的に勘案して賠償すべき額を損害の一部とすることができる」との考え方を示しました。

そのうえで、「鉄道事業にあっては、社会的弱者も安全に鉄道を利用できるように、列車の発着する駅ホーム、列車が通過する踏切等の施設・設備について、人的な面も含めて、一定の安全を確保できるものとすることが要請されているのであり、鉄道事業者が一層の安全の向上に努めるべきことは、その社会的責務でもある。しかるところ、父は、大府駅から列車に乗車して共和駅に至ったものであるが、大府駅及び共和駅での利用客に対する監視が十分になされておれば、また、共和駅ホーム先端のフェンス扉が施錠されておれば、本件事故の発生を防止することができたと推認される事情もあった」として、「諸事情を総合考慮すれば、損害額の５割賠償が相当である」と判示しました。

6　上告審へ

（1）上告までの経緯

私は、控訴審判決の内容はもちろん、私たちの主張がすべて認められたわけではなく、半歩前進しただけの結果でしたから不満は残るものでした。しかしながら、高裁判決が推認した、父が共和駅に移動した経緯は私たちの主張と同じでした。また、過失責任は認めなかったものの、「監視や施錠がなされていれば本件事故の発生を防止できたと推認される事情もあった」として父が死なずに済んだかもしれないとの可能性に言及していました。私たちが繰り返し主張してきた思いが反映されていました。もともと、「最後は相応の負担もやむを得ない」と考えていたこともあり、二分の一という水準も、私なりには納得できなくもありませんでした。私は、もし第一審でこの判決がなされていれば、控訴はしなかったかもしれません。

私たちが控訴審で提出した宮島さん、永田さん、鳥羽病院長の陳述書は奏効しなかった、との見方も示されました。が、私はそうは思っていません。もともと条文解釈や判例などから、第一審判決が当然と解されていたのです。二分の一まで押し返した原動力の一つが、三人の陳述書にあることは明らかだと思いました。

（2）メディアの報道

私の思いとは少し異なり、メディアは、大半が控訴審判決に批判的でした。「介護の実態理解せず」「閉じ込めるしかないのか」「体が不自由な身で老老介護をしていた奥さんを監督責任があると責めるのは納得できません」という批判、「鉄道各社は重く受け止め、一層の安全対策を講じるべきだ」といったもの、被害を受けた側に配慮して、「保険や公的な仕組みが必要だ」との識者見解もありました。

認知症の人と家族の会は２０１４（平成26）年５月14日、「再び下された非情な判決は時代錯誤、家族を責めず社会的救済制度をこそ提起すべき」とする見解を発表しました。「ＪＲ東海は判決を不服として上告すると発表しました。認知症の人の徘徊による事故については社会的に対策を検討するべきであるのに、自社の損害額のみに拘泥する態度は社会的責任を自覚していないと言わざるをえません」と追記されました。私たちの思いと同じでした。

私は翌年５月に同会を訪問して、支援への感謝の意を表明しています。

一方で、「駅での監視体制の不十分さなどＪＲ東海側の不備に踏み込み、賠償額を半減したことは評価できる」「長男の責任を認めないなど、家族側に一定の配慮をした」「介護する側の苦労も考慮した」など、批判一辺倒ではなく、「なかなか知恵を絞ったよい判決だ」と評価する報道や法律専門家のコメントもあり、この裁判の難しさが窺われることになりました。

寄稿　私の思う「認知症鉄道事故裁判」③

「高井さんの勇気が、介護家族に大きな安心を与えた」

高見国生

Kunio Takami

公益社団法人「認知症の人と家族の会」顧問（前代表理事）。1943（昭18）年、福井県生まれ。元京都府職員。認知症になった母親（養母）を、共働き、育児をしながら約８年間在宅で介護。介護中の1980年、「家族の会」結成に参画。以降、2017年６月まで代表を務める。「家族どうしの励ましあい助けあいと社会的関心を高め介護の社会化をすすめる」ことを掲げた活動は全国に広がり、47都道府県すべてに支部がある。会員は現在11000人余りに上る。

高井隆一さんがＪＲ東海を相手にして裁判を闘っていることを知ったのは、富山県に住む勝田登志子「家族の会」副代表（当時）からの1通のメールでした。

２０１３年8月14日の夕刻、彼女は、「以下の判決が名古屋地裁でされました。『家族の会』として見過ごせない判決だと思います」として、8月10日付の日本経済新聞電子版のことを知らせてきました。

その判決は8月9日にあったのに、新聞やテレビで報道されなかったので私は全く知らずにいました。日経電子版の最初の段落を読んだだけで私は、「これは絶対に許せない」と思いました。そこにはこう書かれていました。

〈認知症の男性（当時91）が線路内に立ち入り電車と接触した死亡事故で、家族らの安全対策が不十分だったとして、ＪＲ東海が遺族らに列車が遅れたことに関する損害賠償を求めた訴訟の判決で、名古屋地裁は9日、男性の妻と長男に請求金額全額にあたる７２０万円を支払うよう命じた〉

認知症と家族の介護の苦労に対するなんという無知な判決か。こんなことが裁判で通ったら家族は介護なんてやってられない、と思いました。

なぜ、そう思ったかと言うと、認知症の人のいわゆる「徘徊」が起こるのは次のいずれかの場合です。一つは、家族が「うちの人は徘徊はしない。毎日ちゃんと帰ってくる」と思っているときに、ある日突然行方不明になるケースです。これは防ぎようがありません。もう一つは、「徘徊」の常習者で家族がいつも気にかけている場合です。しかしどんなに注意をしていても認知症の人はちょっとの隙にいなくなります。こちらも完全に防ぐことは不可能です。防ぐことができないことで責任を取れと言われたら、家族はもう介護はできませんと言うしかないのです。勝田副代表の思いと私の思いは完全に一致しました。

この家族を支援しなければならない、そのためにはこの家族と接触したいと思いましたが、どこの誰なのかわかりません。知り合いの新聞記者や担当の弁護士にも面会して尋ねましたが、守秘義務として教えてくれませんでした。

どこの誰かはわからないけれど、この家族を支援しなければならない、この判決は撤回させなければならないと決意しました。

地裁判決後しばらくして、メディアもこの判決の問題を取り上げ始めました。〝識者〟の何人かが新聞などで、「一生懸命介護していた家族に酷な判決。これでは認知症の人が閉じ込められてしまう」などと発言してくれました。新聞の社説でも取り上げてくれるところも出てきました。

しかし、これらの発言は、「真面目に介護していた家族なのに酷」という主張と、民法の不法行為責任に基づく法律の解釈論でした。

私は、もしこの家族が真面目に一生懸命介護していなかったとしても、この場合は損害弁償を求めるべきではないと思いました。そもそも、真面目か一生懸命か、そうでないかはどこで判断できるのか、誰が判断できるのかということもあります。

もう一つは、そもそも認知症の人の徘徊など社会問題になっていない時代に、そんなことを想定せずに作られた法律に合わせて考えること自体が間違っていると思いました。

そういう状況のなかで私たちにできることは何か……。それは社会に訴え世論を高めることだ、そう考えて、内部で議論を重ねた結果、地裁判決から4ヵ月後の2013年12月11日、「認知症の人の徘徊は防ぎきれない　家族に責任を押し付けた一審判決は取り消すべき」という「家族の会」の見解を発表しました。この見解は弁護士を通じて、審理中の名古屋高裁にも証拠書類として提出されました。

名古屋高裁判決の出た2014年4月24日、私は「家族の会」の仲間数人と傍聴に行きましたが、私たちの願いにもかかわらず高裁は、妻だけの責任として360万円の賠償を命じました。家族に責任を押しつける点では一審判決と本質的には何ら変わらないものでした。これでは到底納得できないと思いましたが、心配はこの家族が最高裁まで上告してさらに闘ってくれるかどうかでした。「720万円が360万円になったのだから、不満だがもうあきらめよう」と思わないか……。上告してくれなかったらこの判決が確定してしまう。あきらめずに上告して欲しいと願うばかりでした。

高裁判決に対しては、「再び下された非情な判決は時代錯誤　家族を責めず社会的救済制度をこそ提起すべき」という見解を出しました。

私たちが家族からの上告を願っていたとき、何とJR東海が判決を不服として上告したのです。なんたる厚顔無恥かと怒り心頭でした。家族はどうするのだと案じていましたが、すぐに家族も上告してくれました。これで安堵したのですが、しかしさらに最高裁で闘い続ける家族の気持ちを思うと、感謝と激励したい気持ちがいっぱいになりました。

最高裁での審理は、数年はかかるだろうと言われていましたが、その後どんな動きになっているのか全く情報がありませんでした。やきもきして待っているだけではいたたまれず、同年11月1日に3度目の見解を出しました。それは最高裁に呼びかける形での、「最高裁に期待する！　鉄道事故被害の社会的救済に道拓く判決」でした。

そしてようやく高井さんと会えたのは、それから2年近く経ち、名古屋高裁判決からでも1年後の2015年5月でした。

家族が認知症の人の徘徊を完全に防ぐことができないのと同じように、鉄道会社も認知症の人が軌道内に入ることを完全に防ぐのは難しいでしょう。両者が努力しても損害が発生することはあり得るわけだから、それは当事者の負担でなく社会的に救済するべきだと主張しました。ただし、この事故の場合は、踏切から軌道に入ったのではなく、無銭で改札を通って電車に乗り、次の駅のホームから軌道に入ったようです。その間にJR側はどうして防げなかったのか、という問題がありますが……。

その見解を発表した半年後の2015年5月20日、高井さんが会社を退職したのを機に「家族の会」の事務局を訪ねてきてくれました。「家族の会」への感謝と、家族を責める企業の態度が許せなかったことを述べ、あの判決のままでは介護している人たちに申し訳ない、最後まで頑張ると言ってくれました。初めて出会った高井さんでしたが、彼の態度と語り口から、誠実さと責任感、信念の強さを感じました。様々な事情で今しばらく匿名でいたいということも聞き、会報〈ぽ～れぽ～れ〉で来訪は報じましたが写真や氏名は伏せました。

翌年（2016年）3月1日に最高裁の判決が出されることがわかり、私は傍聴するために最高裁へ。案の定、ズラリと行列ができていました。そのなかには見知った会員の顔も。この人たちは、「家族の会」の関東地域の支部に呼びかけて傍聴券獲得のために並んでもらった人たちです。抽選で私は外れましたが、当選した埼玉県支部会員に権利を譲ってもらい法廷に入ることができました。感謝です。

最高裁の判決はご承知の通りです。ただ、判決後、「完全に家族の責任がなくなったわけではない」とか、「場合、場合によるという判決だ」という声が聞こえました。また、裁判中は何も言わず判決が出てからいろいろ解説する「専門家」がいたりしました。裁判中に地裁、高裁の判決を批判してこそ真の専門家だろう！　と言いたくなりました。

そんなこともあり、「家族の会」は「家族と関係者に安心と勇気を与えてくれた！最高裁判決」の見解を出しました。家族を責めた地裁判決も高裁判決も否定したのですから、私たちにしてみれば大喝采です。「少なくとも普通に介護していれば、妻であっても長男であっても同居していても責任は問わない」という趣旨だと受けとめました。判決後記者クラブで記者会見したとき、私は嬉しくて泣いてしまいました。

しかし、判決は事故被害の社会的救済については言及しませんでした。厚労省もそのことを一度検討しましたが、民間に頼るようなことを言い、結論を避けました。

高井さん一家が闘ってくれたことにより、介護家族には大きな安心が得られました。そして最近になって、認知症の人の徘徊による事故での損害について支援しようとする自治体が表れてきたことも、高井さんの頑張りによる成果です。この動きが、国の対策に発展することを望みます。

認知症の人の徘徊は防ぎきれない
家族に責任を押し付けた一審判決は取り消すべき

認知症列車事故 名古屋地裁判決に対する見解
2013年12月11日 公益社団法人 認知症の人と家族の会

1 あまりに認知症と介護の実態を知らない判決に怒り

今年8月9日に出された、認知症男性の徘徊による列車事故での家族に対する損害賠償請求事件での名古屋地裁判決には、驚きとともに怒りを覚えました。JRの駅構内で要介護4の認知症の男性(91)が列車と衝突し死亡したことにより、JR側に発生した損害額約720万円は残された遺族が支払え、というものです。その理由は、男性が家を出たのはデイサービスから帰宅した夕方であり、そのとき男性と二人暮らしだった妻がたとえ6、7分であったとしても居眠りをしていて気づかなかったことが注意義務を怠ったとされたのです。また、男性の長男は、妻を両親宅の近くに転居させて介護に当たらせていたものの、自分も近くに住まなかったこと、民間の介護施設やヘルパーを依頼しなかったことなどが、徘徊を防止する 措置を講じなかったとして監督義務を怠ったとされたのです。

しかし、介護保険制度を使っても認知症の人を24時間、一瞬の隙もなく見守っていることは不可能で、それでも徘徊を防げと言われれば、柱にくくりつけるか、鍵のかかる部屋に閉じ込めるしかありません。判決はそのような認知症の人の実態をまったく理解していません。

また、介護はそれぞれの条件に応じて行っているのであり、百家族あれば百通りの介護があるのです。判決は、そのような条件や努力を無視し、まるで揚げ足取りのように責めたてています。認知症サポーターが440万人を超え、社会で認知症の人を支えようという時代に、今回の判決は、認知症への誤解を招き介護する家族の意欲を消滅させる、時代遅れで非情なものと言わざるを得ません。

2 名古屋高裁で一審判決を取り消すべき

名古屋地裁の判決が前例になるなら、在宅で介護している家族の多くは在宅介護を放棄することになりかねません。それは「できるだけ住み慣れた地域で」という今日の流れにも反することになります。現在審理中の名古屋高裁において、一審判決が取り消されることを求めます。

3 認知症ゆえの行動により被害を受けた方に対する補償

認知症であるがゆえの固有の行動から生じた被害や損害については、家族の責任にしてはいけないというのが私たちの考えですが、しかし、その被害等は何らかの方法で賠償されるべきです。例えば介護保険制度の中にそのための仕組みを設けるなど、公的な賠償制度の検討がされるように提案します。

4 鉄道会社の対応と社会的な取り組み

鉄道事業会社において認知症の理解と事故防止のための対応が進むことを望みます。また、認知症の人が社会で広く理解され、住民同士の協力で少しでも徘徊による事故が減少するように、企業、学校、地域などで認知症サポーターのさらなる養成や啓発活動が進むことを期待します。「家族の会」もそのために今後も努力することを表明します。

以上

寄稿　私の思う「認知症鉄道事故裁判」④

「事故は誰の身にも起こり得る」

銭場裕司

Yuji Semba

1974年兵庫県生まれ。1998年毎日新聞社入社。秋田支局、西部本社報道部などを経て、現在東京本社社会部在籍。2014年の新聞協会賞と菊池寛賞を受賞した特別報道グループ「老いてさまよう」取材班でキャップを担当。

「男性から目を離さずに見守ることを怠った責任がある」。2013年8月の名古屋地裁判決は高井隆一さんらに対して、JR東海の請求通り約720万円を賠償するよう命じました。介護家族に重い責任を認める内容は、在宅介護を崩壊しかねない衝撃がありました。認知症の人による鉄道事故の実態を明らかにすることを目指した毎日新聞の取材は、判決へのショックから始まりました。

私は判決が出た年の3月、毎日新聞西部本社で「認知症　姿消す高齢者」と題した5回の連載記事を執筆したばかりでした。認知症の人が家を出て行方がわからないままになったり、交通機関を使わないとたどりつけないような遠い場所で保護されたりする問題が起きていました。4月に異動した東京本社特別報道グループでは、行き場のないお年寄りが介護事業者に囲い込まれている問題を取材した「老いてさまよう」取材班に加わり、精神科病院の閉鎖病棟にいる認知症の人たちをルポしました。認知症の人の鉄道事故を巡る問題は、私たちにとって見過ごすことのできないテーマでした。

一審判決後、家族に責任を押しつける判決内容に疑問を投げかける記事が各紙に並びます。もちろん記事が伝えたいメッセージに共感するのですが、取り上げられる題材はいつも高井さんの事故だけです。認知症の人が犠牲になった鉄道事故がいったいどれだけあって、他の鉄道会社も遺族に損害賠償を請求しているのか、それともしていないのか……。どの記事を読んでも、知りたいことに答えてくれませんでした。

所属した特別報道グループは「毎日新聞が取材しなければ世に出ない問題を掘り下げて伝えよう」という狙いで新設された部署です。「認知症の人の鉄道事故の全容を明らかにしよう」。大先輩である松下英志記者、「老いてさまよう」の取材をリードしていた山田泰蔵記者とともに取材を始めました。

最初に取り組んだのは、列車事故で認知症の人を亡くした遺族に面会することです。過去の報道から各地で起きた事故をリストアップしたものの、遺族の住まいはほとんどわかりません。住宅地図を手に、北海道から九州まで遺族を捜し歩くことからスタートしました。遺族に会えなかったり、事故の悲しみから取材に応じてもらえなかったりすることも続きましたが、少しずつ話を聞くことができました。

驚いたのは、「うちは請求されていません」と鉄道会社から賠償を求められていない遺族が続いたことです。JR東海の高井さんの事故を含め、遺族に取材できた9社10件の事故のうち、5件は未請求でした。

JR東日本の事故で身内を失った遺族は「認知症と確認できたので請求しない」と言われたそうです。JR東日本は取材に「そういった伝え方はしてない」としながらも「事実関係に基づき検討し、請求を見合わせたのは事実」と答えています。南海電鉄の事故では「130万円の損害が出たが請求しない」と遺族に伝えてきたそうです（南海側は事実確認の取材に「回答は控えたい」とコメント）。事故後間もなく現場にフェンスを設置して安全対策を強化し、遺族には賠償を求めなかった鉄道会社もありました。

遺族に賠償を求めていたのは、JR東海の他に、東武鉄道が2件、近畿日本鉄道と名古屋鉄道が各1件で約16万～137万円をそれぞれ請求していました。

720万円を請求したJR東海の事故は、運休本数34本、影響人員約2万7400人です。ところが、34本、約9万3000人だった南海電鉄は遺族に未請求で、52本、約2万1000人だった東武鉄道は137万円を請求したのち、事故対応でかかった人件費など自社分の請求を放棄したうえで、遺族側が他社への代替輸送分にあたる63万円余を支払うことで和解していました。私たちが取材できたのは全体のごく一部に過ぎませんが、JR東海の対応が他社よりも際立って厳しい印象を持ちました。

身内を失った上に鉄道会社から請求を受けていた男性から聞いた言葉は、高井さんの話と驚くほど重なるものがありました。「トイレに行くのも介添えが必要なくらいで、歩くのもトボトボという感じだった。鉄道事故なんて想像もせず、家を出て線路まで歩いたことが信じられない」。高井さんの家族を全面敗訴とした一審判決に対しては「実際に介護をわかっていたらこんな結果にはならない。裁判官には『あなたも介護をやってみてよ』って言いたい。介護は想像もつかないことが起きるし、ずっと見守るのは限界がある」とやりきれない様子でした。

気づかないうちに施設から出て行ってしまった認知症の利用者を、鉄道事故で亡くした介護施設からも話を聞きました。利用者の人権や自由を尊重することと、管理責任との狭間で悩み、揺れていました。背筋が寒くなるような言葉が耳から離れないでいます。「見守りをどこまでやるのかは永遠の課題。突き詰めると、鉄格子や監獄のように閉じ込めるようになってしまう」

事故件数の全容をつかむために役立ったのが、各鉄道会社が提出した事故届を国が一覧表にまとめた「運転事故等整理表」と呼ばれる資料でした。国土交通省への情報公開請求でこの整理表を入手し、「認知症」という言葉が介護保険法改正で取り入れられた2005年度以降の事例を調べることにしました。そこに、認知症の人がかかわったとみられる列車事故の記事や警察発表の内容などを合わせて、事故の全体像をまとめました。

浮かび上がってきたのは、認知症またはその疑いのある人が列車にはねられるなどした鉄道事故が、12年度までの8年間で少なくとも149人あり、115人が死亡していたことです。事故の多くは認知症の影響などから線路に迷い込んだり、危険性を認識しないままフェンスなどの囲いがない場所や踏切から線路に入ったりして、起きていました。鉄道会社が事故の当事者が認知症であることを報告していない場合は、この数字から漏れるため、実際の事故件数はさらにふくらむ可能性はありますが、認知症の人の鉄道事故の概要を初めて示すことができました。

高井さんをはじめ、遺族の皆さんへの取材を通して感じたことは、事故は決して特殊なものではなく、誰の身にも起こり得るということでした。

「裁判官はしょせん認知症の人は何をするかわからない存在とみているのだろう。時代遅れの認識のままなのだ」。一審に続き家族の責任を認めた二審判決が出された後、ある出版社から高井さんの事故と裁判について執筆を頼まれ、私が寄せた文章です。一、二審の判断が最高裁で少しでも変わることを祈りながら書きました。

認知症はかつて偏見を持たれ、家から出してもらえないお年寄りが少なからずいた時代があります。たくさんの専門家や家族の地道な取り組みがそうした偏見を取り除き、認知症の人を社会や地域で守ろうという機運が高まってきたときに、家族の責任を認めた一、二審判決は、時代を逆行させかねないものでした。実際に外に出さず、閉じ込めるような動きが起きていることも聞こえてきました。

高井さんの家族のように、妻が単身で引っ越しまでして義理の父親の介護に協力するような手厚い介護ができる家庭は多くありません。これだけ努力していた家族が責任を問われるならば、在宅介護は維持できなくなる。そんな強い危機感がありました。全国の当事者や家族が高井さんの裁判の行方を気にかけ、注視していました。最高裁が下した逆転判決は、介護に関わるすべての人たちに影響を与えました。

最高裁判決の後、お会いした高井さんと奥さんの晴れやかな表情は忘れられません。「父の死を無駄にしたくない」と厳しい裁判を闘い抜いた高井さんを、お父様は誇りに思っていることでしょう。

認知症の人は2012年時点で約462万人、2025年には約700万人と推計されています。実態を掘り起こして伝えていかなければならない問題は山積しています。取材にゴールはありません。高井さんの闘いに伴走できたことを感謝しつつ、取材を続けたいと願っています。

認知症115人 鉄道事故死

遺族に賠償請求も

高齢化社会の課題に

05年度から8年間

認知症またはその疑いのある人が列車にはねられるなどした鉄道事故が、2012年度までの8年間で少なくとも149件あり、115人が死亡していたことが分かった。事故後、複数の鉄道会社がダイヤの乱れなどで生じた損害を遺族に賠償請求していたことも判明した。当事者に責任能力がないとみられる事故で、どう安全対策を図り、誰が損害について負担すべきか、超高齢社会に新たな課題が浮上している。

（社会面に関連記事）

鉄道事故については各社が国土交通省に届け出て、同省は「運転事故等整理表」を作成している。毎日新聞は情報公開請求で得た整理表と各事故の警察発表などから、「認知症」という言葉が介護保険法改正で取り入れられた05年度以降の事例を調べた。当事者が認知症であることを記載していない届け出も多く、件数はさらに膨らむ可能性がある。

事故の多くは認知症による徘徊《はいかい》や、危険性を認識しないまま、フェンスなどの囲いがない場所や踏切から線路に入って起きたとみられる。線路を数百㍍にわたって歩いた人や、通常は立ち入れない鉄橋やトンネルで事故に遭った人もいた。

08年1月に大阪市で当時73歳の女性が死亡した事故では、駅ホームの端にある職員用の鉄柵扉から入り線路に下りた可能性がある。本人がGPS（全地球測位システム）発信器を身につけていたが、間に合わなかった死亡事故もあった。

認知症の人による鉄道事故を巡っては、名古屋地裁判決が昨年8月、「家族が見守りを怠った」というJR東海の主張を認めて約720万円の賠償を遺族に命じた（遺族側が控訴）。家族会などからは「一瞬の隙なく見守るのは不可能。判決通り重い責任を負うなら在宅介護はできなくなる」と不安の声が上がっている。

毎日新聞はJR東海の事故を含め、被害者の氏名や所在地が判明した9社10件の事故について、遺族や関係者に話を聞いた。

遺族によると、係争中のJR東海のほか、東武鉄道が2件、近畿日本鉄道と名古屋鉄道が各1件で約16万～137万円を請求していた。約137万円のケースでは会社側が事故で生じた社員の時間外賃金や振り替え輸送費などを求めていた。この事故を含む2件は双方の協議で減額されたが、4件とも遺族側が賠償金を支払っている。

他の5件は北海道、東日本、西日本、九州のJR4社と南海電鉄の事故で、いずれも請求なしだった。遺族によると、JR東日本は「認知症と確認できたので請求しない」、南海は「約130万円の損害が出たが請求しない」と伝えてきた。JR東日本は「そういった伝え方はしていない。事実関係に基づき検討し、請求を見合わせたのは事実」、南海は「回答は控えたい」とコメントした。JR各社で請求しないケースが目立つ一方、他社では「原則請求」の対応が少なくないとみられる。

12年度の鉄道事故死者数は295人、統計上別区分の自殺は631件だった。【山田泰蔵、銭場裕司】

認知症 脳血管や脳細胞の障害で記憶力や判断力が低下し、日常生活に支障が生じる程度に至った状態。以前は「痴呆」と呼ばれたが、侮蔑的で誤解を招きやすいとの理由で2004年12月、厚生労働省が行政用語を変更した。12年の患者数は「予備軍」と呼ばれる軽度認知障害の人（約400万人）を含めて約862万人に上ると推計され、高齢者の4人に1人に上るとみられる。

認知症の人の事故と鉄道会社の対応例

事故年月	鉄道会社	遺族への請求額	運休本数	影響人員
＜JR＞				
07・12	東海	720万円	34本	2万7400人
09・5	九州	請求なし	6本	1200人
10・9	東日本	請求なし	8本	1900人
11・1	西日本	請求なし	30本	1万7000人
11・7	北海道	請求なし	37本	1万 500人
＜その他＞				
05・12	名鉄	80万円	12本	5000人
09・11	南海	請求なし	34本	9万3000人
11・6	東武	16万円	6本	3900人
12・3	東武	137万円	52本	2万1000人
13・1	近鉄	80万円	33本	1万5000人

※いずれも遺族や関係者への取材による。請求額と影響人員は概数。JR東海の事故は、同社が遺族に賠償を求めて提訴し係争中

「保険会社に相談を」

日本損害保険協会によると、遺族は「個人賠償責任保険」などと呼ばれる保険で損害に対応できる可能性がある。自動車保険や火災保険の特約として契約され、保険料は年数千円程度。ただし補償例が「ボールで窓を割った」「飼い犬が人にけがをさせた」などと記載され、鉄道事故を対象と考えない人もいるとみられる。協会は「種類により対象になる場合とならない場合があるので保険会社に相談してほしい」と話している。

2014年1月12日（日）毎日新聞一面

第八章

勝ち取った「家族に責任なし」

1　JR東海が先に上告した！

どうしようか――私は悩んでいました。

しかし、悩み続けることはありませんでした。JR東海がすぐさま上告したからです。高裁判決が2014（平成26）年4月24日、上告は5月8日です。ゴールデンウィークを挟んだ日程のなか、社内で所定の機関決定をしたはずですから、JR東海は高裁判決後直ちに上告方針を決定していたのでしょう。二分の一に減額された高裁判決など、全く許せなかったのでしょう。

JRの上告を受けて、弁護団は当方も上告したい、との方針でした。上告すれば自分たちも意見を述べる機会が与えられる、とのことで、法廷戦略として私たちも遅れて上告することにしました。5月、7月に上告受理申立書などの書面を提出しました。

最高裁で審理が開始されるためには、まず上告が受理される必要があり、専ら、法令解釈などに誤りがあるかどうかだけが問題となります。2014（平成26）年7月28日付で最高裁第三小法廷から、「今後最高裁で審理する。審理する上で書面を提出してもらう必要が生じたときは連絡します」との記録到着通知書がきました。上告が認められ、最高裁での審理が始まることになりました。

その後は、書面のみで審理がなされますので、私たちは以降どのような審理がなされているのか全く窺い知ることはできませんでした。

JR東海も書面を提出していました。立教大学法学部角紀代恵教授の「損害賠償額を減額した高裁判決は、わが国の不法行為法の解釈を誤ったものである」とする鑑定書、神戸大学大学院法学研究科山田誠一教授の「長男は、本件事故の当時、父の監督義務者または代理監督義務者であったと判断すべきである」との意見書の、2通の資料を理由書に添付していました。

こういう鑑定書などの資料を提出する方法はとても有益とのことでした。そこで私たちも、この分野の第一人者であった、ある大学教授を訪ね依頼したところ、快諾を得ることができました。

大変ありがたい、嬉しいお話でした。残念なことに、教授はその後体調を崩され、結局意見書は作成いただけませんでした。しかし教授の言葉は大変貴重で有益でした。結局私たちは、鑑定書などは提出しませんでした。

2　上告後、審理中にあった出来事

(1) コスト削減が目的の一つ？

２０１４（平成26）年10月には、ＪＲ東海念願のリニア中央新幹線工事実地計画が認可されました。東京─名古屋間で５兆５千億円、大阪まで９兆円に上る総工費の巨大プロジェクトのスタートでした。

記者会見で、柘植康英社長は、「一番の課題は総工費の削減だ。もう一つは会社自体の経営体力や資金力を高めていくこと。そのためには収入を上げて、いろいろな業務執行面でのコストを下げていく」と語りました。乗客の安全確保のためのコストも削減するのでしょうか。認知症の人が関係した事故に対し、他のＪＲ各社は損害賠償請求をしていないとの報道がありました。ＪＲ東海のみがただ1社、一律に請求しており、突出した方針です。リニアのために回収できるものは何が何でも回収する、ということでしょうか。

(2) 資産があるなら払うべきなのか

同じ10月には、日弁連主催のシンポジウム〈認知症高齢者が地域で暮らすために～名古屋高裁判決を踏まえて～〉が開催されています。私は参加していませんが、日弁連〈高齢者・障害者の権利に関する委員会〉の委員からの報告、民法の研究者（大学教授）による講演の後、関係者によるパネルディスカッションが行われました。私は、裁判の追い風になるものと期待して新聞記事を読みました。しかし、今回の一連の報道のなかで最も強いショックを受けた結果になりました。講演した大学教授が、「加害者に資産があれば、本人に賠償を命じることができる民法の規定を新たに設けるのも解決の方向性の一つ」と述べたというのです。また日弁連の委員も「死亡男性が以前、不動産仲介業をしていたことなどを報告し、今後の法制度設計の論点の一つとして、認知症の人に資産がある場合も責任を負わないのは正しいのか、と提起した」というのです。

「資産があるのだから払え」という主張はＪＲ東海の主張そのものです。また、父の職業について報道されたのは初めてでした。メディアの記者の方々は私たちのプライバシー保護には十分留意して報道してくれていました。おそらく入手した判決文から引用したものと思われますが、まさか日弁連から私たちの気持ちが無視されるような内容が発信されるとは思いもよりませんでした。私からすると日弁連に権利を侵害された思いでした。

また、コーディネーターを務めた弁護士は、認知症高齢者が一人歩きすることを完全に予測できないとしたら、施設に入ればいいのではないかと質問するなど、認知症に対する正しい認識や、知識を持っていないように見受けられ、専ら質問者だったとも聞き、とても残念でした。実際にこのシンポジウムを聴いた堤修三さんは、「失望の日弁連」と評されました。私の思いも全くこの通りでした。

（3）親の賠償責任を認めない最高裁判決

２０１５（平成27）年４月、私たちの裁判にとても大きな影響があると思われる最高裁判決が出ました。それまでほぼ例外なく監督責任が認められ損害賠償が命じられてきた、子どもの行為により生じた損害に対する親の監督責任について、最高裁が監督責任を否定する判決を出したのです。まさに画期的、民法７１４条の免責規定が適用された、初と言ってよい判断がなされたのです。

２００４（平成16）年２月、愛媛県今治市立の小学校の放課後に開放された校庭で、当時11歳の児童が友人たちとサッカーゴールに向けてフリーキックの練習をしていたのですが、児童の蹴ったボールがそれて校外の道路に転がり、たまたま通りかかったバイクの85歳の男性が転倒し骨折したのです。男性はその後、寝たきりとなり翌年に肺炎で死亡しました。

遺族側は子どもの両親に損害賠償を求めて提訴、一、二審とも両親に多額の賠償を命じていました。報道では、遺族側は今治市には賠償を請求しておらず、訴訟では学校側の安全管理は争点にならなかったとされていました。私は、こういうケースでは一般的に、まず学校や市の管理責任が追及されるのではないかと思っていましたが、遺族の提訴時の判断として、当時の法令解釈や判例が提訴の仕方に影響していたのかもしれません。

しかし最高裁は「ゴールに向けたフリーキックの練習は、通常は人身に危険が及ぶような行為ではない。そのような行為によってたまたま人身に損害を生じさせた場合は、行為が具体的に予見可能であるなど特段の事情が認められない限り、子に対する監督義務を尽くしていなかったとすべきではない。父母は児童に通常のしつけはしていた」として父母は監督義務者としての義務を怠っていないから損害賠償義務もないとしました。裁判官4名全員一致の意見でした。

「偶然に起こった事故などについて最高裁が免責を認めた」と各紙とも大きく伝え、「父の裁判にも好影響があるだろう」と補足されました。

それにしても児童のご両親はよく頑張られたと思います。大変孤独で、ハードルの高い困難な訴訟を10年間も闘われたのですから。この判決は、私たちにとっても大変大きなもので、最高裁の審理に大いに期待することになりました。浅岡弁護士はこの判決を知って、「これで父の裁判は勝ったと確信した」と言っています。

（4）ＪＲ東海らしいエピソード

２０１５（平成27）年5月25日昼過ぎ、ＪＲ東海の東海道線で、普通列車の運転士（28歳）が熱中症とみられる手足のしびれで列車を緊急停止して救急搬送され、乗客が1時間列車内に閉じ込められるというトラブルが発生しました。

この電車の車掌（35歳）は、その後も乗務を続けていました。しかし午後2時半頃、この車掌も同様の症状を訴えて病院に搬送されました。同じ列車の、若い運転士と車掌の両方が熱中症を患ったのです。名古屋は蒸し暑いところとして有名ですから、近鉄は4月中旬から名鉄は5月からともに半袖シャツとノーネクタイを認めていましたが、ＪＲ東海は、6月1日からしか夏服への衣替えを認めていませんでした（ネクタイは夏場も着用せねばなりませんでした）。このトラブルを受けて、ＪＲ東海は、5月27日から前倒しで夏服への衣替えを決めました。

しかしながら、この運転士は業務復帰した3日後の28日、午後1時過ぎに幸田駅のホームに着いたところで、再び手足のしびれを訴え、救急車で病院に運ばれました。症状を我慢しながらようやく駅にたどり着いたのでしょう。本当に事故に結びつかなくてよかったと思います。

服装は改善されたものの、原因は水分補給にありました。乗務員には勤務中に水を飲むと詳細な報告書の提出が義務づけられていたのです。

運転中に水分補給することは安全運航に支障が出るため、どこの鉄道会社も禁止しているようです。しかしJR東海の乗務員の場合は、運転中以外でも指令所の了解が必要で、かつ業務終了後、飲んだ時間や場所、理由や乗客の苦情の有無など詳細な報告書の提出が必要でした。そこまでして水を飲みたがる人などおらず、結局は我慢してしまうことが多かったようです。

昔なら、非科学的な精神論のためか水を飲まないこともあったのでしょうが、今は、天気予報の度に、熱中症への注意として水分補給が呼びかけられている時代です。乗客に失礼にならないように、との姿勢は大事ですが、その安全を損なうようでは何にもなりません。職員だって人間です。今どきこんなことをやっていたのか、と驚くばかりです。さすがのJR東海も規定を見直し、6月になってこの報告を不要としました。これまで大変な思いをした乗務員の方々はさぞかしほっとされたことでしょう。

2015（平成27）年6月23日の株主総会では「世間はクールビズ、ノーネクタイではどうか」と質問が出たそうですが、ネクタイ着用は、ようやく2年後の2017（平成29）年6月から四半世紀ぶりに廃止されました。

これには、一旦、自分が決めたルールは世間がどうであろうと絶対に変えない、との姿勢が窺われます。私たちの裁判で透けて見えた、「社の方針に基づき、診断書に難癖つけてでも、一律に全額回収するんだ」という姿勢と、上記のエピソードが重なり合っているように思えて仕方ありません。

早くに民営化され形の上では民間の営利法人となったにもかかわらず、旧国鉄時代からの古い旧態依然とした体質が30年間温存されているのではないかと感じました。2011年に東日本大震災があった直後、JR東日本は早々と駅舎を閉鎖し営業を停止しました。この結果、私を含めた何百万人の帰宅困難者は厳寒のなかで締め出され、寒さに凍えることになりました。逆に、都庁や各区役所のロビーなどは帰宅困難者のために開放され、多くの人たちが助かりました。後日、社長が石原慎太郎都知事（当時）に陳謝することになりましたが、公共鉄道の使命はどのように理解されていたのでしょうか。JR東海だけの問題ではないのかもしれません。

3　上告審

口頭弁論期日

(1)

私たちは2014（平成26）年7月と8月に書面を提出した以降は最高裁とのやりとりはありませんでした。私は退職して帰郷、父と同様、不動産事務所を開くことにし、その再開手続きで忙しい日々を送っていました。その年の秋になって開業にこぎつけていました。

(2)

翌年2015（平成27）年11月、ようやく最高裁より「口頭弁論期日呼出状及び答弁書催告状」が届きました。私たちとJR東海が上告したそれぞれの事件について、いずれも2016（平成28）年2月2日に口頭弁論を開くので、答弁書を提出せよと言ってきたのです。最高裁が弁論を開くことはほとんどないのですが、高裁判決を見直すときには必ず弁論を開かねばならないとのことで、高裁判決が見直される可能性が出てきたのです。これを受けて、メディアも大騒ぎになりました。「今治のサッカーボールの場合に続き、成人無能力者に起因した監督責任にも新判断を下すにちがいない」との論調でした。私もそういう説明を受けて大変期待することになりました。

私たちは２０１５（平成27）年12月から翌年1月にかけて書面を提出し、今治の最高裁判決も引用して、私と母には監督責任はないと主張しました。ＪＲ東海も従前通り、私と母に監督義務があると主張しました。

12月7日は父の命日でした。その翌日に答弁書を提出しましたから、私たちは父の墓前で逆転勝訴を祈りました。「絶対によい結果を報告に来るから待っていてくれ」と報告しました。

(3)

弁論が近づくにつれ、私の不動産事務所にメディアの記者が訪問してくるようになりました。ほとんどがアポなしで来所されたので、たまたまお会いした方と、会えなかった方とに差ができてしまうことになってきて、私はこれはまずいと思い、弁論の前日、畑井弁護士経由で、東京の司法記者クラブの幹事社に以下のコメントを提供しました。

〈もう8年前のことではありますが、父の事故により多くの方々に大変ご迷惑をお掛け致しました。誠に申し訳なく、先ずは、ここにお詫び申し上げます。

これまでの判決は、認知症の人と家族・関係者にとってあってはならない内容であり、こんな判決を後に残してはならない、との思いでやってきました。最高裁におかれましては、認知症の人たちの実情や社会の流れをご理解いただき、思いやりのある、温かい判決を是非ともお願い致します。また、これまで多方面からご支援を賜り、被告として大変勇気づけられました。ありがとうございました。心より感謝申し上げます。以上、母は93歳と高齢につき、代表して、母と家族の思いを記しました。

今後ともご支援のほど、宜しくお願い申し上げます。

長男〉

2月2日弁論当日、私は従前と同様、愛知県から報告を待っていました。浅岡弁護士以下、当方の各弁護士が順に予め用意した弁論要旨を読み上げましたが、JR東海の方は特に発言することもなく、判決期日を3月1日と定めて弁論期日は終わったとのことでした。その判決までの1ヵ月の間、判決期日に向けて私や代理人への取材はますます増えていきました。新聞報道では、最初のうちは「大府」に、「おおぶ」とルビがされましたが、再三の報道のうちに、付されなくなるほどでした。認知症に関する特集報道が増え、テレビのワイドショーでも取り上げられるようになり、本当に大騒ぎになりました。

　メディアから判決にあたり心境を求められました。そこで私は判決前日に以下のコメントを司法記者クラブに提供しました。


〈振り返りますと、原告（JR東海）の強い姿勢に翻弄され続けた、大変苦しい8年間でした。大企業と一個人の闘いでした。また、亡くなった父や家族、そして認知症そのものと真正面から向き合った8年間でもありました。たくさんの報道に接し、大変勇気づけられましたが、そのなかで今は、「徘徊した」との表現に少し違和感を持つようになりました。父が自宅玄関からいなくなった2回とも、父は生まれ育った実家の方向に向かっていましたので、「実家に行こう」という目的を持って歩いていたはずです。父はそれまで、出ても必ず戻っていた事務所出入り口から初めていなくなり、事故に遭遇しましたが、このときも何か目的を持って歩いていたはずです。

　徘徊というと、無目的で歩き回るようなニュアンスがありますが、そうではありません。一人で外出したものの道がわからなくなって帰れなくなったに過ぎません。従って、「徘徊」は決して危険な行動ではありません。単なる「一人歩き」です。私たちだって道に迷うことがあるのですから、家族に監督責任があるということとも違うように思います。今、私は、困っているような人を見かけたら、優しく静かにお声掛けしようと思っています。私たちの賠償責任もさることながら、最高裁の本日の判決が、父の一人歩きの危険性や家族の監督責任、過失について問題はない、と認めていただいていると信じています。繰り返しになりますが、8年間にわたる激励やご支援につきまして感謝申し上げます。大変ありがとうございました〉

3月1日の判決当日も、私は愛知県で静かに報告を待っていました。

4　最高裁判決

(1) 判決内容（最高裁判所第3小法廷、裁判長裁判官岡部喜代子、裁判官大谷剛彦、大橋正春、木内道祥、山崎敏充）

ア、事前の大方の見方は、最高裁は高裁判決を取り消したうえで、「監督義務者に該当するが、その義務を怠っていないので、免責され、賠償義務なし」との判決を出すのではないか、または、そういう考え方を示して高裁に差し戻すのではないか、というものでした。しかし最高裁は、もう一歩踏み込んで、私も母も「監督義務者またはそれに準じる者に該当しない」と判示しました。したがって免責云々より前の段階で、私たちは当然に賠償義務もないことになりました。裁判官5名の一致した意見でした。

また、母がもう93歳になっていたという事情を考慮していただいたのか、差し戻さずにこれ以上の事実調べは不要として自ら判決を下しました。これ以上の母の負担を考えると私たちには大変ありがたい対応でした。

母に対しては、「成年後見人や同居する配偶者だからといって直ちに法定監督義務者にあたらない」として高裁判決を否定し、私にも同様に、法定監督義務者にあたる法令上の根拠はないとしました。

イ、次に、「法定監督義務者に該当しなくても、第三者に対する加害行為の防止に向けて、監督義務を引き受けたとみるべき特段の事情が認められる場合には、法定監督義務者と同視して、法定監督義務者に準ずべきものとして損害賠償責任を負う場合がある」としました。どのような場合に、特段の事情にあたるかという例示として、

・その者自身の生活状況や心身の状況など
・精神障害者との親族関係の有無・濃淡

・同居の有無その他の日常的な接触の程度
・精神障害者の財産管理への関与の状況などその者と精神障害者とのかかわりの実情
・精神障害者の心身の状況や日常生活における問題行動の有無・内容
・これらに対応して行われている監護や介護の実態

など諸般の事情を総合考慮して判断すべきである、としました。私も母も特段の事情がないとされました。

ウ、判決に同意しつつも、3名の裁判官が補足意見、意見を述べました。そのうち木内裁判官は、以下の補足意見を述べました。

「法的価値判断能力を欠く者の保護としては、本人が債務を負わないことに留まらず、本人が行動制限をされないことが重要である。監督者が責任を問われるとなると、人が行動制限される可能性が、本人が責任を負う場合よりも大きくなる。準監督義務者に賠償責任を負わせるためには、その者が精神障害者を現に監督しているか、監督が可能かつ容易であるなどの客観的状況にある必要がある。そうでないと本人に過重な行動制限をもたらし、本人保護に反するおそれがある。他害防止を含む監督と介護は異なり、介護の引受けと監督の引受けは区別される」としました。また、「環境形成、体制作りへの関与、それぞれの役割の引き受けをもって監督義務者という過重された責任を負う根拠とするべきではない」とも。

エ、私の判決の評価

第一審判決のあったのは2013（平成25）年8月ですから、2年半で解釈が正反対になったことになります。当時は、第一審判決が当然とされていましたから、「画期的な判決だ」との浅岡弁護士の説明が納得できます。

この時点で本屋さんにあった、法律解説書、参考書のうちこの条文についてはほとんど役に立たなくなったと思われるほどの劇的な変わり方だったと思います。判決前、法律専門家は、「第一審判決は当然だ。高裁判決も知恵を絞ったよい判決だ」と解説していたのです。子どもがした行為に起因する損害についても親の監督責任はほぼ例外なく同様でした。監督責任を追及すればまず取れる、裁判すればまず勝てる、ということだったのです。介護を一生懸命にやっていてもいなくても関係なく、一律に請求されればほとんどが支払っていました。ほぼすべてのケースで、無過失責任に近い賠償責任を問われていたのです。

しかしながら、今治のサッカーボールの最高裁判決と父の最高裁判決とで、監督責任の考え方は全く変わりました。木内裁判官のコメントは私たちが裁判で強調してきたことと同じで、大変嬉しく思いました。読み返せば読み返すほど裁判官の思いが伝わってきて、本当にありがたい内容で、浅岡弁護士コメントの通り、今後、認知症の人や家族が本当に救われることになる判決だろうと確信しています。認知症の人のケースのみならず、以降監督責任が議論されるときには必ず引用される判決であることは間違いありません。今後にもつながる考え方だと強く感じます。

監督責任について、ようやく古い時代の考え方が是正されたことになりましたが、それにしても、２０１７（平成29）年7月に施行された性犯罪を厳罰化する改正刑法も１１０年ぶりの見直しとのことですから、法律の世界はなかなか大変です。

今回の判決では鉄道事業者の管理責任については言及されていません。しかし、最高裁は、高裁の事実認定をそのまま採り入れて審理をしないまま差し戻しもせずに自ら判決を下したわけですから、私は、高裁の指摘した、鉄道事業者の社会的責務についてもそのまま受け継がれているものと考えています。

オ、「特段の事情」の解釈と、すべての家族を免責したわけではないとの指摘

①指摘の内容

最高裁判決後、最高裁が例示した、特段の事情に関する例示6項目をみて、「一生懸命にやった人ほど責任を問われるように解釈できる」「介護に関わらないほうがよ

いという考え方を招いてしまう」との指摘が溢れました。「今回の家族はよかったが、6つの例示を見ると自分たちの場合はどうなるかわからない」「すべての家族を免責する判決ではない」など。ほぼすべてと言っていいくらい、テレビ番組や新聞の記事が、「特段の事情」について問題視したかのような解説となったため、逆に、認知症の人を抱える家族の不安をあおるような結果にもなったのではないか、と感じました。

②私の思い

特段の事情に関する指摘や解説は間違ってはいません。それはそれで正しいものだと思います。しかしながら最高裁判決は、あくまで私たちの裁判に対する個別事案の判決ですから、今後のあらゆるケースを想定してそれらすべてをカバーするために出されたものではありません。私は、判決文から読み取れる懸念を過度に心配せずに、父の判決で多くの家族や関係者の不安が大きく解消されたことのメリットを評価いただきたいと思います。

私は、この判決を私なりに表現すると、「家族は責任を負わないのが原則。特段の事情があるときだけ例外的に請求されることがあるかもしれないが、介護の大変さを理解してもらえば、請求を免れる余地は十分にある」と解釈しています。

寄稿　私の思う「認知症鉄道事故裁判」⑤

「JR東海認知症高齢者事件を担当して」

浅岡輝彦

Teruhiko Asaoka

あさひ法律事務所弁護士。1944年横浜市生まれ、1969年東京都立大学法学部卒。主な取り扱い分野は、契約法、不動産法、行政法、信託法など。これまでに手がけた主な事件で判例誌に登載されたものは、本件の他、「ストレプトマイシンショック死の医療過誤事件」（医療過誤）、「公安委員会の聴聞手続、持ち回りによる審査判定手続を違法とした運転免許取消処分取消請求事件」（行政）などがある。

1　はじめに

裁判の被告とされたことは高井さんら遺族にとって不幸ではありましたが、私たちの社会にとって、本件は、訴訟の審理や判決、その関連報道を通して認知症高齢者とその家族、介護関係者が置かれた状況を、広く社会に知らせ、私たちの社会が抱える課題を共有しその解決への方向性を示すこととなった記念碑的事件であると考えます。

2　最高裁判決を控えて

現代社会は表向き、障害者が健常者とともに社会の成員として生活をともにする社会を謳っています。障害者基本法3条は、「全て障害者は、可能な限り、どこで誰と生活するかの選択の機会が確保され、地域社会において他の人々と共生することを妨げられない」などを旨として、共生社会の実現を図らなければならないと規定していますし、その8条は「国民もまた共生社会の実現に寄与するよう努めなければならない」としています。

本件であぶり出されたのは、それと正反対の考え方や行動が未だにこの社会に根強く残っている現実です。この訴訟において日本有数の公共鉄道事業者であるJR東海は、一人で外出し、戻れなくなったことがあるものの、とぼとぼと歩くことがようやくできるに過ぎない認知症高齢者の配偶者や家族は、高齢者が一人で外出をしないよう監視、監督義務があると主張し、これまで通りの家族との生活を望む高齢者を家族と離し施設に入所させる義務があるとまで言いました。これはまるで認知症高齢者は危険物と言っているに等しいです。

ＪＲ東海は障害者基本法21条2項で「障害者の自立及び社会参加を支援するため……施設の構造及び設備の整備等の計画的推進に努めなければならない」交通施設設置事業者であるにもかかわらず、です。

また法律解釈に一定の重味を持つとされる東京大学の准教授は、配偶者の生活保持義務として、かかる監視義務、監督義務が要求されると解してもよいと説きます。

認知症高齢者の問題は本質的には障害者一般の問題です。視力を失った方や、車椅子の方がホーム上から線路に転落する事故は、一件や二件ではありません。鉄道事業者のなかにはホームドアを設置し、このような事故が起きないよう安全設備の充実を図る事業者もいます。しかし前述したＪＲ東海の主張や、准教授の議論を推し進めれば、視力障害者や歩行障害者は付き添いなくして鉄道施設を利用すること自体を過失と問われ、またその配偶者は、かような事故により鉄道事業者に損害を蒙《こうむ》らせないよう、障害者を一人にしてはならない監視、監督義務があることになりかねません。

こうした議論がまかり通るようでは到底、健常者と障害者とが共生する社会であるはずがありません。認知症高齢者が人の土地や建物に入り込んだらどうするのか、徘廻して車道に出たらどうするのか、といった議論はありますが、土地建物に入り込んだところでどのような被害が起こるというのでしょうか。そのような高齢者を見かけたら声掛けをする程度のことを周囲の人に求めるのは共生社会の国民に対してであればおかしいことではありません。万一、車道に出たとしても、事故の防止を自動車運転者の注意義務に期待することも不合理ではないと思います。

それでもなおその障害に基因して事故が起きてしまったら、それは、共生社会における社会的コストとして、また高速度交通事業に伴う企業コストとして吸収されるべきであり、それこそが共生社会の帰結です。

他方で本件は、夫婦のあり方、家族のあり方にも一石を投じるものでもありました。二審の名古屋高等裁判所は、民法の「夫婦は同居し、互いに協力し、扶けあわなければならない」との条文などを根拠として障害者の妻に障害者を監督する義務を認めました。ＪＲ東海は訴訟のなかで、配偶者には他方配偶者を監視し、監督する義務と、被害を受けた第三者に対する損害賠償義務が生活保持義務としてあるといっています。しかし結婚しただけでそのような義務が生じるとすると、人々がこの義務の引き受けを嫌って当然です。かくては、ますます結婚しない男女が増え、少子化が進行し、そうでなくても法律婚を嫌って事実婚に走り、子の福祉を害し、さらには介護リスクが生じ得る年齢での熟年離婚が蔓延する等の弊害を招き、社会の維持、発展に欠かせない家族関係ひいては社会の不健全化に拍車をかける結果となりかねません。私は最高裁で開かれた弁論で、このような内容の意見陳述をしました。

3　最高裁判決とその意義

最高裁は平成28年3月1日、原判決破棄、自判の逆転勝訴判決の言い渡しをしました。私たちは、判決前この結果は確信していましたが、最高裁が民法714条1項の監督義務者の問題を正面から論じ、判断してくれるかどうか、それとも同条同項の但し書きを適用し免責との判断をするのかについては確信にまでは至りませんでした。ですので、最高裁が以下の通り、監督義務者に踏み込んで判断されたことは、その判示の内容とあいまって法解釈の分野にとどまらない重要な意義を有する判決を打ちだされたと評価するものです。ちなみに法律関係者に限っても、この判決を取り上げた評釈は数十にのぼり、その影響度の大きさを物語っています。

既によく知られたものとなっていますが、この最高裁判決は、精神障害者（具体的には認知症の人）が起こした（巻き込まれた）事故について、民法714条1項に基づく責任を、誰が負担すべきか、誰が同条項にいうところの法定の監督義務を負う者なのか、成年後見人はどうか、同居する配偶者は、などなど、誰もが身近な、関心を持つ事項について最高裁が初めて明示的に判断を示したのです。

これまで不法行為法の領域では被害があれば法解釈技術を駆使し、窮極の責任の帰属先を見つけ出し、救済しなければならない、「被害者救済」が金科玉条のごとくにいわれてきました。民法の不法行為の教科書をみると、本人に責任能力がある場合でも、重畳的に親権者等に監督義務違反を理由とする損害賠償責任を認める方向での記述が主流を占めていることに象徴的です。精神障害者が責任を取れないなら、その家族の誰かが責任を取るのは当然であり、免責は容易には認めない。それが被害者救済を目標とする不法行為の精神である、そうしたドグマに法律家は浸っていて、それで本当によいのかが検証されなかったと思うのです。

日本の社会は既に総人口の4分の1が65歳以上という超高齢化社会に入り、そのまた5分の1が認知症患者又はその予備軍と推計されています。高齢化が進み、誰もが何らかの障害を持つ障害者となり、またその介護をする家族となる社会を目前にしています。障害者をすべて施設で介護することは不可能であり、国は、既に認知症患者を施設ではなく、その人が住み慣れている地域でそのまま暮らし続けることができる社会の実現を目指した地域包括ケアシステムの構築に舵を切っています。現実の社会がそのような状況にあるなかで、たまたま不幸にも認知症患者がかかわった事故でもって介護をしてきた家族がほとんど無過失責任に近い厳格な賠償責任を負うというのでは、家族はその責任を嫌って介護を放棄し、前述の政策も前提を失って崩壊することになりかねません。その危機意識が社会一般に共有されるなかで最高裁判所が（精神保健福祉法の保護者や）成年後見人である、精神障害者と同居する配偶者や、長男である、というだけでは、その者が民法７１４条１項の「責任無能力者を監督する法定の義務を負う者」に当たるということはできないと判示し、また同条が類推適用される法定の監督義務者に準ずべき者についても、それに当たるかどうかは「事実上の監督を超え監督義務を引き受けたとみるべき特段の事情があることが必要である」と判示し、相当の絞りをかけた、その意義は高齢者、認知症患者を支える家族や関係者、成年後見に関わる職業専門家のみならず、行政、社会一般に広く歓迎され、安心感を与える結果となりました。

この判決の後は、民法７１４条１項の法定の監督義務者として明らかなのは未成年者を監護教育する親権者、未成年後見人がこれに該当すると解されるものの（最高裁判所は、前年の平成27年４月９日、今治サッカーボール事件の判決で未成年者の親権者が民法７１４条１項の法定の監督義務者に当たることを当然の前提としたうえ親権者が監督義務を尽くしていたとして免責を認めています。民集69巻３号４５５頁）、それ以外に法定の監督義務者として一般的に肯定される者は見当たりません。もっとも最高裁判決は法定の監督義務者でなくてもこれに準ずべき者として監督義務を負う者が存在することを明言しているところ、準ずべき者かどうかは、解釈によって広狭様々あり得ることから、とくに介護施設の関係者から懸念の声が挙がっていることも事実です。法解釈は従前の解釈との連続性を考慮せざるを得ず、一足飛びの転換は期しがたいことを考慮すれば、もの足らない点を強調し過ぎることはこの判決の適正な評価から外れていると考えます。

4　終りに

本件を担当し、画期的な最高裁判決を引き出せたことはまさしく弁護士冥利に尽きるものです。感銘を受けたのは、高井さんから、最高裁判決の後に、高井・浅岡ラインをみくびってもらっては困るとの褒め言葉をいただけたこと、そして一審で強引に和解を推し進めようとした裁判官にあてた高井さんの妹さんの次の言でした。

「私たちがしてきた父の介護は、今でも全く問題はなかったと確信しています。父にとっては自宅で暮らし、地域で過ごすことは最も幸せで、人間としての尊厳が保たれていたことは間違いありません」、「介護方針の協議に参加したり、同居して介護に携わったりすると、万一の不慮の事故について介護の家族が責任を問われるということになれば、現状、家族の負担と犠牲に大きく依存している我が国の介護の仕組みが崩壊してしまうのは明らかです。それを知りながら裁判所があえてそういう判断をすることが私には全く信じられません。以上から次回進行協議日には出向きません」

寄稿　私の思う「認知症鉄道事故裁判」⑥

「JR東海認知症高齢者鉄道事故訴訟を振り返って」

田村恵子

Keiko Tamura

あさひ法律事務所弁護士。愛知県生まれ。

1988年京都大学法学部卒。1992年弁護士登録（第二東京弁護士会）、東京八重洲法律事務所（現あさひ法律事務所）入所、日弁連交通事故相談センター嘱託を務める。

1　平成28年3月1日最高裁判決

平成28年3月1日、最高裁第三小法廷の裁判長が「平成26年（受）第１４３４号上告人の上告を棄却する。原判決中、平成26年（受）第１４３５号上告人敗訴部分を破棄し、同部分につき第一審判決を取り消す…」と、ＪＲ東海の請求を一切認めない内容の判決を読み上げました。浅岡弁護士は、判決前にこの結果を確信していたと述べていますが、私は、最高裁はきっと高井さん側の主張を認めてくれるはずだと思いつつも、もしかするとそうではないかもしれないという若干の不安を持ちながら最高裁の判決に臨んでいたため、逆転勝訴判決を聞いて心より安堵するとともに喜びが込み上げてきました。

2　本件を担当するにあたって

この訴訟における大きなテーマは、家族の一人が重い認知症になり、事故が生じたときに、他の家族は、どのような責任を負うのか、または、負わないのか、というものです。民法には、原則として「法定の監督義務者」が責任を負う旨の条文があり、監督義務者に準ずべき者も同様の責任を負うという裁判例もいくつもありました。これらの点が争点となった裁判例で、法定の監督義務者やこれに準ずべき者が責任を免れた裁判例はほとんどありませんでした。

しかしながら、良雄さんは生前、粗暴なふるまいや、車道に飛び出すような行動をとることはなく、穏やかに日常生活を送っておられたこと、良雄さんのご家族が、良雄さんの意思を尊重しながら、良雄さんが穏やかに過ごすことができるように配慮しつつ、良雄さんの介護を担っておられたこと等をお聞きして、本件で家族が責任を負うようなことがあれば、日本の至る所で損害賠償責任を負う家族がでてきてしまう、そのようなことは決してあってはならないと考えて訴訟にあたりました。過去の裁判例からすると、本件でも責任が認められるおそれがあると思われ、責任が認められないようにするためには、認知症や介護の専門家の方等の協力を得て、担当裁判官に認知症のことや良雄さんの生活状況、良雄さんのご家族がどのように対応してきたか等を理解してもらうことが大変重要であると考えました。

3　一審で行ったことについて

ご家族から詳しく話を伺うとともに、1年数ヵ月にわたり良雄さんの診療にあたられた遠藤英俊先生から話を伺い、認知症全般、認知症の人が外出を希望されるときに外出できないようにすることは不適当であること等を書面にしていただいて、裁判所に提出しました。良雄さんがデイサービスを利用していたＪＡあいち知多福祉施設あい愛おおぶの森田（旧姓：中原）史恵社会福祉士にも、認知症の人が外出を希望するときに物理的に外出できないようにすることは身体拘束に該当するため原則として禁止されていること、良雄さんのご家族は見守り、外出時の付き添い等によって対応していたが、大変なご苦労があったと思われること等を書面にしていただいて裁判所に提出しました。ご家族の方からも、良雄さんの生活状況、ご家族の方がどのように良雄さんに接してこられたか等についての書面を作成していただき、裁判所に提出しました。また、一審ではご家族の方の尋問も行われました。

これらによって、担当裁判官には認知症がどのような疾患であるか、穏やかに暮らしていた認知症の人が、たまたま一人で外出して危険性を認識できないままに電車に衝突した本件について、ご家族が責任を負うことは不相当であることをある程度理解していただけたのではないかと思っていましたが、一審判決では、良雄さんの配偶者である登志子さんと長男である隆一さんについて全面的にＪＲ東海の主張が認められてしまいました。

4 控訴審で行ったことについて

認知症の人にとっては、住み慣れた自宅でご家族とともに穏やかな生活を送ることが望ましいと考えられるにもかかわらず、一審判決が裁判所の判断として確定してしまった場合には、ご家族が重い認知症の人を自宅で介護することが極めて難しくなってしまうのではないか、何としてでも高裁では一審判決を覆したいと考えました。一審判決を読んで、裁判所は認知症のことも、認知症の人の介護の実態も、さらには、本件の判断が、多数の認知症の人やそのご家族にとってどのような意味を持ち、どのような影響を与えるかをほとんど理解してくれていないと感じましたので、さらに専門家の方々の協力を仰ぐ必要があると考えました。

そこで、一審判決の問題点を理解しておられた医療関係者の方に意見を述べていただく適任者の方の紹介をお願いしたところ、国立長寿医療研究センター鳥羽研二病院長（現国立長寿医療研究センター理事長）を紹介していただきました。鳥羽先生に協力をお願いしたところ、おそらく、この訴訟の判決が及ぼし得る大きな影響（判決の内容によっては重大な悪影響を及ぼすおそれがあること）をよく理解しておられたためであると思いますが、ご快諾を待て、ご多忙ななかで、しかも年末のお忙しい時期にご見解を伺う機会をいただきました。一審判決の根底に、認知症の人は危険な人であるという考えがあると思いましたので、主としてこの点についてのご見解を伺いたい旨お願いしました。鳥羽先生から、認知症の人が一人で外出することは無害な行為であること、場所的見当識障害があり、社会的ルール・危険性についての認知機能が低下した認知症の人は一人で外出できないなどということは認知症の人の尊厳を損なうものであるし、日本における認知症の人の人数からすると、非現実的と考えられること等を伺いました。鳥羽先生ご自身のお名前の書面を作成していただくためにはあまりに時間が少なかったために、聞き取り書として、私の名前で鳥羽先生のご見解を書面にして、鳥羽先生に内容を確認していただく等して何度かやりとりをさせていただいた後に裁判所に提出しました。

また、宮島俊彦前・厚生労働省老健局長、社会福祉法人浴風会認知症介護研究・研修東京センター永田久美子研究部長からも、認知症の人に関する日本における施策、認知症の人の介護の実態等に関する書面を作成していただき裁判所に提出しました。特に永田先生には年末ぎりぎりの12月31日までやりとりをさせていただき、大変ご迷惑をおかけしました。控訴審でも、ご家族の方の書面も提出しました。

今度こそ、一審判決と異なる判決を得たいと強く願って臨んだ控訴審の判決では、金額こそ半額となったものの、登志子さんについてはJR東海の請求が認められました。しかも、夫婦である以上、一方が認知症になったときは、原則として他方は監督責任を負うという、この判決が出るまでは思いもよらなかった判断まで述べられていました。

5　逆転勝訴判決と皆様への御礼

一部であろうとも認められたこと自体が問題であると考えて、最高裁の判断を仰ぐこととし、最高裁で得た判決が冒頭で述べたものです。社会常識に沿った適切な判断を得ることができて本当に嬉しく思いました。

ここにお名前を挙げなかった多くの方々からもご意見をお伺いする等して様々なご協力を得ました。本当に多くの方々のご協力によって最高裁で適切な判断を得ることができました。ご協力してくださったすべての方々に、心より御礼申し上げます。

認知症事故「家族に責任なし」

最高裁初判断

監督義務を限定

JR逆転敗訴確定

認知症の高齢者が列車にはねられ、鉄道会社に損害を与えた場合に家族が賠償責任を負うべきかが争われた訴訟の上告審判決で、最高裁第3小法廷（岡部喜代子裁判長）は1日、「同居の夫婦だからといって直ちに監督義務者になるわけではなく、介護の実態を総合考慮して責任を判断すべきだ」との初判断を示した。その上で、家族に賠償を命じた2審判決を破棄して鉄道会社側の請求を棄却した。家族側の逆転勝訴が確定した。

（3面にクローズアップ、社会面に関連記事と判決要旨）

デジタルプラス　動画

「介護の実態 総合考慮を」

認知症の高齢者の急増が見込まれる中、介護する家族の監督義務を限定的にとらえた判決で、今後は介護を担う家族が賠償を免れる例が出てきそうだ。

2007年に愛知県大府市で認知症の男性（当時91歳）が1人で外出して列車にはねられ死亡した。JR東海が「列車に遅れが出た」として、男性の妻(93)と長男(65)に約720万円の支払いを求めた。

民法は、責任能力のない精神障害者らが第三者に損害を与えた場合、監督義務者が責任を負うとする一方、義務を怠らなければ例外的に免責されると定めている。裁判では、妻と長男は監督義務者に当たるかが主に争われた。名古屋地裁は13年8月、長男を事実上の監督義務者と判断し、妻の責任も認めて2人に全額の支払いを命じた。名古屋高裁は14年4月、長男の監督義務は否定したが、「同居する妻には夫婦としての協力扶助義務があり、監督義務を負う」として、妻に約360万円の賠償を命じた。

認知症の男性が列車にはねられて死亡したJR共和駅の事故現場付近。男性はホーム先端のフェンス扉を開けてホーム下に下りた＝愛知県大府市で1日、大竹禎之撮影

各裁判所の判断

	1審	2審	最高裁
妻の責任	有「目を離した過失があった」	有「監督義務があった」	無
長男の責任	有「監督義務があった」	無「監督義務はなかった」	無

これに対し、小法廷は「民法が定める夫婦の扶助義務は相互に負う義務であり、第三者との関係で監督義務を基礎付ける理由にはならない」と判断。一方で「自ら引き受けたとみるべき特段の事情があれば、事実上の監督義務者として賠償責任を問うことができる」とした。監督義務者に当たるかどうかは「同居の有無や問題行動の有無、介護の実態を総合考慮して、責任を問うのが相当といえるか公平の見地から判断すべきだ」と指摘した。

その上で、「妻は介護に当たっていたが自身も要介護1の認定を受けていた」と指摘。長男についても「20年以上同居しておらず、事故直前も月に3回程度、男性宅を訪ねていたに過ぎない」とし、いずれも男性を監督することはできなかったと認定した。

裁判官5人全員一致の意見。岡部裁判長と大谷剛彦裁判官は「長男は事実上の監督義務者に当たる」と述べる一方、「デイサービスを利用する見守り体制を組むなど、問題行動を防止するために通常必要な措置を取っており、責任は免れる」などとする意見を述べた。【山本将克】

JR東海の話　最高裁の判断であり、真摯（しんし）に受け止める。

男性の長男の話　大変温かい判断をしていただき心より感謝する。良い結果に父も喜んでいると思う。

判決骨子

- 同居の夫婦だからといって直ちに民法が定める認知症の人の監督義務者に当たるとはいえない
- 監督義務を引き受けたとみるべき特段の事情があれば、事実上の監督義務者として責任を問われることがある。事情を総合考慮して判断すべきだ
- 男性の家族に賠償責任はない

2016年3月2日（水）毎日新聞一面

寄稿　私の思う「認知症鉄道事故裁判」⑦

「JR東海認知症高齢者列車事故訴訟を担当して」

畑井研吾

Kengo Hatai

あさひ法律事務所弁護士。仙台市生まれ、横浜市育ち。2006年東京大学法学部卒。2008年中央大学大学院法務研究科修了。主な取扱い分野は、一般企業法務、一般民事事件、労働事件、家事事件、刑事事件など。これまでに関与した主な事件で判例誌に登載されたものは本件の他、「出張中の宴席での飲酒による急性アルコール中毒を原因とする死亡事故」（労働）、「吐物誤嚥による死亡事故」（保険法）など。

私は、２００９年の12月に弁護士登録をして、２０１０年1月から弁護士としての生活をスタートしました。本件は２０１０年2月に名古屋地裁に提訴されていますので、弁護士として関与したほとんど初めての事件ということになります。

恥ずかしながら、私は、認知症の方の介護について全く知識や経験がなく、当初は、家族による介護の実態やその負担の大きさについてあまり実感を持っていませんでした。しかし、高井さんやご家族の方のお話を伺うにつれ、また、いろいろな文献や、協力していただいた介護関係者、医療関係者の方々のお話に接するにつれ、認知症の方にとって拘束や閉じ込めがどれほどの悪影響を与えるか、認知症の方の気持ちに寄り添い、尊厳を保った生活ができるような介護体制を整えることがどれほど重要かということがだんだんと理解できるようになりました。そして、そのために家族が自分の生活を犠牲にして並々ならぬ負担をしていることを痛感するようになり、家族に認知症の方の事故についての責任を負わせることはおかしいとの思いが強くなっていきました。

第一審判決からしばらくして、日経新聞に取り上げられたことをきっかけに、新聞やテレビ局などから取材の申し込みが多数寄せられるようになりました。私が知る限りのほとんどの主要新聞社から問い合わせがあり、なかには、イギリスのタイムズ紙や中東の放送局の日本支局からの問い合わせもあり驚きました。認知症の方の介護が、国境を超えて、あらゆる人々にとって切実な問題であるのだと感じました。

時間の制約もあり、すべてのメディアに対応することは困難であり、また、高井さんをはじめご家族の方は提訴された側で、本件について自ら積極的に世間に訴えかけたいという御意向があったわけでもないことや、生活の平穏が害されることへの懸念から、基本的にはメディアの取材はお断りすることにし（控訴審判決後にＮＨＫの取材に応じたことはありましたが）、何社かの新聞社に限って対応することにしました。新聞社は、普段の記事の論調は保守寄りだったりリベラル寄りだったりと様々ですが、取材に来た記者の方が、皆さん、一様に第一審判決や控訴審判決に対する憤りを述べていたことが印象的でした。

控訴審以降、本件が大きな注目を集めるようになったこともあり、高井さんは期日に出席せず、基本的に対応は我々代理人のみが行うことになりました。

控訴審判決は、長男（高井さん）の責任を否定する一方で、妻（登志子さん）が法定の監督義務者に該当するとしてその責任を肯定し、請求額の半額の賠償を命ずるというものでした。民法７１４条１項は、他人に損害を与えた者が責任無能力のため賠償責任を負わない場合に、責任無能力者に代わって法定の監督義務者が責任を負うと規定していますが、従前の裁判例のなかには、法定の監督義務者と同視し得る「事実上の監督者」も責任を負うとしたものがありました。控訴審判決が出されるまで、配偶者や子が法定の監督義務者に該当するとした裁判例や文献を見たことはありませんでしたので、控訴審判決では、御両名とも法定の監督義務者には当たらないことは当然の前提に、介護への関与の程度等から、「事実上の監督者」としての責任が認められるか否かがポイントとなると考えていました。そして、それまでの審理において、高井さんの介護への関与の程度について主張立証の力点が置かれており、個人的には、万が一、仮に、責任を認める判断がなされるとしたら、どちらかといえば高井さんの方に責任が認められる可能性が高いのではないかという感触を持っていたため、控訴審判決の内容はかなり意外に感じました。

判決言渡しの直後、名古屋高裁の廊下で大勢の報道陣に取り囲まれ、地下の記者室に移動して即席の記者レクを行うことになりましたが、その席でも、判決内容は意外ですと述べたように記憶しています。

控訴審判決は、配偶者の一方が認知症により自立した生活を送ることができなくなった場合などには、他方の配偶者は基本的にその生活全般に対して監督する義務を負うと判示しました。つまり、配偶者というだけで基本的に法定の監督義務者に該当するとしたのです。このような判断が確定してしまったら、介護の現場のみならず、夫婦のあり方自体にも大変な影響を与えることになりますので、弁護団としては、何としても高裁の判断を覆さなければならないとの思いを強くしました。

最高裁で開かれた弁論期日では、４名の代理人で分担し、①配偶者の地位が、民法７１４条の責任を負う根拠となり得ないこと、②万一、仮に、配偶者が監督義務を負うことがあっても、本件では免責されるべきであること、③いわゆる「事実上の監督者」のような、法律上、監督義務が定められていない者について、民法７１４条の責任を負わせることはできないことを口頭で述べました。期日には大勢の報道陣が詰めかけ、傍聴席は満席で、入りきれない傍聴希望者も出たようで、本件についての社会の関心が極めて高いことを改めて感じました。

最高裁判決は、配偶者が法定の監督義務者に該当しないことを明示し、お二人の責任を否定するものであり、ほっと胸をなで下ろしました。

控訴審判決以降、大小様々なメディアから、ますます多くの取材申し込みがくるようになり、最高裁が弁論を開くことを決定してからしばらくは、ほとんど連日のように問い合わせがありました。前記の通り、積極的にメディアに露出することを基本的に控えていたのですが、司法記者クラブの方から、「ここまで重要な社会の関心事になってしまった以上、記者会見をしていただけなければ収まりません」と言われたこともあり、最高裁判決後に記者会見を開きました。会見で、高井さんのコメントを代読させていただいたときに、ようやく、逆転勝訴の実感が湧いてきました。

提訴から最高裁判決まで6年以上が経過し、この間、日に日に社会の関心が集まっていくなかで、高井さんをはじめとするご家族の方は、並々ならぬ負担があったと思います。あきらめずに闘い抜かれたことに心から敬意を表するとともに、代理人として関与させていただいたことを光栄に思います。また、訴訟活動を行うにあたっては、本書でお名前が紹介されている方以外にも、大勢の介護関係者、医療関係者、学者の方々のご助言をいただきました。この場をお借りして、厚く御礼申し上げます。

第九章

最高裁判決がもたらしたもの

1　被害者の損害負担についての問題提起

（1）問題提起の内容

最高裁判決により、ＪＲ東海は損害を自分で被ることになりました。私たちは「鉄道会社の使命からしても費用処理されるべきだ」と主張してきました。

しかし、加害者や加害者を監督する人が免責されてしまうと、被害者の損害はどうするのか、この点も問題だとされました。被害者が、個人や中小企業などの経済的弱者の場合はどうか、泣き寝入りするしかないのか、との指摘ももっともだと思います。

我が国の法曹界では、まず被害者救済に重きが置かれているようですから尚更です。損害は誰かが必ず負担しなければならない、誰が負担するかだけだ、といった考え方です。認知症の人と家族の会も、損害の社会的な救済制度、公的な賠償制度の創設を訴える声明を再三にわたり出しています。新たな救済制度を構築するとなるとコストも時間もかかるので、介護保険制度の枠組みのなかでそのような機能を持たせたらどうかといった議論が出ていました。堤修三さんは、市町村が行う任意事業として介護保険のなかに見舞金を支給するようにしてはどうかと提案されています。他には、犯罪被害者給付金制度などのような仕組みも提案されていました。

(2) 関係省庁による被害者救済策の検討

これを受けて、2016(平成28)年5月、厚生労働省や国土交通省など関係省庁が参加して連絡会議が開催されました。作業部会を設置し、実態を把握したうえ、認知症の人による過失行為について家族がどこまで責任を負うべきか、また被害救済策などについて議論されることになりました。私はもしそのような制度が導入されることになれば真の意味で、父の死が活かされることになりますので、大変期待していました。

(3) 救済制度の創設見送り

しかしながら、12月13日に開催された連絡会議の結果、公的救済制度の創設は見送られました。国土交通省の調査により、2014(平成26)年に認知症の人が関連した鉄道事故やトラブルは29件、鉄道事業者の損害額は最大で約120万円だった、と報告されました。このことから作業部会は、高額の鉄道事故は多発していないことが確認されたとしました。また、救済範囲や財源などを含めた議論が必要で、直ちに制度的な対応をするのが難しいとされました。民間で認知症向けの個人賠償責任保険が開発され、鉄道会社を対象に人身事故や復旧にかかった費用をカバーする保険が開発されていることも一因とされ、見送りとされたのです。

（4）遺憾だとする家族の会の意見

この結果に対し、再三にわたり救済制度の創設を求めていた家族の会は、「厳しい介護の現実を理解していない判断で遺憾だ」としました。高額の賠償責任を問われる事故は介護しているどの家族にも起こり得る、保険も誰もが加入できるとは限らない、家族は安心して介護ができない、と訴えました。

見送りとされたことは誠に残念ですが、私はこの調査結果により、認知症の人は多額の損害を与えるような存在ではないことが証明された、と解釈して、自分を慰めています。また、少なくとも、最高裁判決は、JR東海のような大企業ならば泣き寝入りしてもらってもよい、という先例になった、とも思っています。

（5）個別対応の事例

2017（平成29）年8月、神奈川県大和市は独自で損害賠償保険に加入する、と発表しました。不測の事態で家族が高額の損害賠償を求められたときは、最大3億円が賠償金として支払われる仕組みで、全国初の取り組みだそうです。その後、私の住む大府市などでも同様の取り組みが具体化しています。

「どうせ保険で支払ってくれるのなら」と家族が安易に認知症の人の責任を認めかねない危険がある一方、遺族へも支払われる契約になる見通しとのことです。

国の段階で見送られた救済制度がこのような形で構築されることは大きな第一歩だと思います。家族の責任の認定には慎重に対応しながら制度が適切に運用されることを期待いたします。

2　大報道のもたらしたもの

（1）弊害

最高裁判決の前後の大報道の結果、喜びの一方で、様々な弊害ももたらしました。「徘徊」という言葉が、認知症の人は危険だという漠然としたイメージを植えつけてしまったと感じたことは前に述べました。

この他にも、大量の報道ぶりに恐れをなして、「自衛策として外出させない方がよい」「責任を問われるくらいなら施設に入れてしまおう」といった話も聞くようになりました。「成年後見人になると損害賠償を求められるかもしれないので、成り手が急減した」との指摘もありました。「市町村が各施設に対して〝施錠せよ〟と求めるようになってしまった、何十年も前に戻ってしまった」との悲鳴も聞こえました。最高裁判決への大変な報道は認知症の人について誤った印象も与えてしまったのかもしれません。

(2) よかったこと

しかしながら、私は、認知症に対する認識や理解が一気に広まり、「誰でもなり得る病気である」との正しい理解が広く行き渡った点は、プラス面として闘った甲斐があったと思います。認知症の人の介護というものはそんなに大変なんだ、私たちも決して他人事ではないぞ、認知症の人にはどのように対処すればよいのか、予防はできないのか、などなど。その後、認知症に関するメディアの記事や報道などが明らかに増加しているように感じています。

私の住む愛知県大府市は以前から「健康都市」を宣言していますが、今般、全国初の〈認知症に対する不安のないまちづくり推進条例〉を制定し、2018（平成30）年4月施行を目指すことになりました。

大府市内には国立長寿医療研究センターなどの認知症研究機関が集積、〈コグニサイズ〉という予防運動がさかんに行われています。また父の事故が起き、事故からちょうど10年となることも制定の契機になりました。このように認知症に関する諸施策が全国で注目され具体化されるようになっています。父の裁判が一つの契機になっているのであれば、父もとても喜んでいると思います。

また、これらの懸念や心配をする方々の増加を背景に、保険会社が新たに工夫を凝らした商品を発売するようになりました。認知症の人が第三者に損害を与え、家族に損害賠償請求がなされた場合、それを補償する、個人向け損害保険が格段に充実しました。外出願望が強く、被害を与える懸念があるような認知症の人のケースの場合は、保険加入も検討すべきかもしれません。さらに被後見人が他人にけがをさせた場合などに成年後見人に補償する、成年後見人向けの保険も販売されました。

こういう保険の充実も大報道の結果もたらされたプラス面だと思います。

3　判決後のＪＲ東海の対応と鉄道会社への思い

(1)　ＪＲ東海のコメント

ＪＲ東海は判決当日、次のようなコメントを発表しています。

〈個々にはお気の毒な事情があることは十分承知しているが、当社としては列車の運行に支障が生じ、振替輸送に係る費用なども発生したことから裁判所の判断を求めた

ものです。今回の判決については最高裁判断ですので真摯に受け止めます〉

そして、最高裁判決の翌日の3月2日に開かれた社長記者会見については、前にも触れましたが、ここでは、「真摯に受け止めたい」としつつも「今後も損害賠償請求をする」と強調したことについて述べます。

会見で柘植社長は、「今後損害が発生したときに対応に変化があるのか」との質問に、「従前から基本的な考え方は首尾一貫しており今後も変わるところはない。株式会社だから、会社の財産をきちんと守る観点から法令にのっとって適切に対処する。責任の所在や事実関係など個別の事情を十分精査して、弁護士とも相談して損害賠償請求をするのが基本。加えて、当事者間で話し合いをさせていただくことに今後も変わりがない。今後も個別に判断していく」と発言しました。これを受けてメディアは、「今後も損害賠償請求をすると強調」と報道しました。私は、「なんだ、真摯に受け止めて、請求を止めるのではないのか」と意外に思いました。

そして「今回の判決では、一審、二審同様、当社の安全配慮義務、安全確保義務に問題があったとはされていない」とも発言しています。

高裁判決が指摘した、鉄道事業者は公共交通機関の担い手として、その施設及び人員の充実を図って一層の安全向上に努めるべきことは、その社会的責務である、との判示はどのように考えているのでしょうか。

また私は、JR東海が今後どのように認知症の人たちと向き合っていくのか、説明があってしかるべきだと思っていましたが、損害賠償請求の話ばかりだったようでした。

(2) 鉄道会社は地域に犠牲を強いていること

そもそも、乗客や貨物を大量かつ迅速に輸送するとの目的達成のため、線路は公道を利用する交通手段や地域の利便などよりも優先するのが当たり前とされて、狭い我が国において、あちこちで地域を分断し、開かずの踏切ができ、立体化・地下化のための巨額な社会的コスト支出を強いられています。

大府市においても、東海道線により地域が東西に分断され、慢性的な渋滞が発生しているなどの弊害が指摘されています。このため、大府市商工会議所からは駅下にアンダーパスを通すなど大府駅エリアの再開発が提言されています。

鉄道が走り始めた明治時代ならいざしらず、これだけ車中心の社会になり、鉄道貨物輸送は陸路輸送に主体が変わったにもかかわらず、鉄道会社は、未だに社会にこのような犠牲を強いているとも言えるのです。2016(平成28)年9月には、愛知県清須市の東海道新幹線などの下を通るアンダーパスが台風で冠水、乗用車が水没し女性が死亡するという痛ましい事故も発生しました。

父が「もし自動車にひかれていたなら逆に賠償金を支払ってもらえたのに」と言われたこともありました。通常なら、はねた鉄道会社が加害者で、父は被害者のはずですが、鉄道会社というだけで逆になってしまうのです。大量輸送実現のため、線路には入るな、踏切では当然鉄道が優先、線路や踏切に入って何かあれば賠償せよ、入った者が悪いということになっているのです。

しかし、車両故障など、鉄道会社に起因する理由で列車が遅延した結果、乗客側に損害が出ても鉄道会社は弁償しません。

私は、春日部駅の開かずの踏切が、ピーク時には1時間に56分も遮断器が降りているとの報道に接し驚きました。多少のことは我慢しなければならないとしても、あんまりではないかと感じました。たとえば一定時間降りていたら、今度は鉄道が停まってもしかるべきではないか、少なくとも遮断器が上がるようにダイヤ調整がなされるべきではないか、と思いました。

したがって、鉄道会社は、列車の運行を何よりも最優先としている現状を、当然だ、当たり前の権利だとせず、もう少し謙虚に受け止めるべきではないでしょうか。

ＪＲ東海は、認知症らしき人が改札に来たら「そのような義務はない」などと言わずに、優しく静かにお声掛けいただきたいと思います。職員の方々が認知症に対して理解が深まるよう、適切な対応をお願いしたいと思います。また、ホームドアの設置や踏切の改善など、安全面での充実を徹底していただきたいと思います。

（3）保険での処理ができるための方針転換を

しかしながら認知症の人は急増が予想され、残念ながら、父のような事故が無くなるとは思われません。２０１４（平成26）年度に認知症の人が関係した事故が少なくとも29件あったとの国土交通省の調査結果ですから、残念ですが今後も起こりえることだと思います。

家族は、身内を亡くしたショックが癒えぬまま、損害賠償請求を受けています。最高裁判決1ヵ月前の、２０１６（平成28）年2月2日のＮＨＫのニュースでは、以下のように報道をしていました。

〈大手鉄道会社22社に聞いたところ、うち14社が、相手方に原因があると判断した場合、個々の事情にかかわらず原則賠償を求める、と回答しました〉

しかし、この最高裁判決によって、請求すればまず取れる、ということではなくなり、請求しても回収できない可能性が増えることになりました。

以上のような状況のなかで、今般、鉄道の人身事故が起きた際に鉄道会社の損失を補償する、鉄道会社が加入する保険が開発されました。どうか、私たちのように、父を亡くしたばかりか損害賠償も、という二重のショックを家族に与えないよう、鉄道会社は請求に代わる自衛策として保険利用の対応策を検討いただけないでしょうか。

保険料は高額になるようですが、関係省庁の被害者救済策見送り理由が、高額な損害になる事案は多発していない、という結果からすると、保険料はそれなりの水準に収まることも考えられます。もともと鉄道会社の利益は社会の犠牲と協力により創出されている側面もあるのですから、せめてこれくらいの負担はお願いしたいと思います。

どうか社内調整いただいて、家族に請求するのは止め、保険会社が請求権代位しない条件の保険で処理するよう、方針の転換を是非ともお願いしたいと思います。

4　私が気になった番組と百通りの介護

最高裁判決の翌日の、3月2日に放映されたテレビ番組『白熱ライブ　ビビット』（TBS系列）では、司会の真矢ミキさんが「あまり何でもかんでもお家で、というのも。優しさなんですけど」と切り出すと、テリー伊藤さんが「お金があったら介護つきホームに入れてもよかったと思う。情としてはわかるけど、僕らの世代も認知症になっていく。そうしたら俺は、『ともかく怪しくなったら病院に入れてくれ』と言う。

どうしても子どもたちは親に優しくしたいから両方が苦しむ」と発言しました。

これには、私たちが非難されているように感じました。裁判中にJR東海から主張された内容と同じでした。

私は、これは限られた人だけが選択できる選択肢の一つに過ぎない、と思います。費用面から特養の順番を待つしかない方もいらっしゃるわけですから。もちろん、自分は子どもの世話になりたくないから施設に入る、と希望される方も多いでしょう。施設のタイプも以前と違って増えていますから、介護の有り様について選択肢も多くなっています。いろいろな選択肢があって、それぞれ正解なのです。百家族あれば百通りの介護がある〈認知症の人と家族の会〉のです。北欧では、高齢者施設中心の介護から、高齢者住宅を含む在宅中心の介護に変わってきていると聞きます。父は施設には入りませんでしたが、住み慣れた自宅で、人間らしくいきいきと生活していました。

5　裁判を闘って感じたこと

裁判は8年かかりましたが、長かったような、また、あっという間であったような気もします。最後に、訴訟をやって感じた留意点などについて述べます。

よかったこと

(1) 正直に闘ったこと

まず第一に、嘘をつかなかったことです。前にも述べましたが、裁判を有利に進めるために、たとえば父が、二度外出して戻れなくなったことや、センサーの電源を切っていたことなど、当方が不利となることについては黙っている方法もありました。しかし、代理人弁護士からは「正直にやりましょう」という返事でした。今振り返ってみますと、正々堂々と事実をありのままにやってきて本当によかったと思います。やましいところは全くないとの爽快感さえあります。皆さんも代理人弁護士とよく話し合って対応ください。

(2) 冷静に対応したこと

JR東海が実際に主張した文言については、かなり挑発的とも言える表現が多くありました。これらに対して、私たちの弁護団は冷静に反論し続けてくれました。むしろ、私の陳述書に怒りに満ちた文章があったくらいで、代理人が提出した書面は品位があって節度を保っています。これもよかった点でした。

反省点

(1) 実際やった外出防止策の指摘漏れ

判決文をよく読んでみると、「私たちがどのような外出防止策をしたか」がとても重要視されていました。最重要項目と言ってもいいかもしれません。

もちろんそれ以外の、介護の大変さや住環境整備などを詳述したことはよかったと思います。しかし私たちが陳述書を作成するときには、一生懸命にやったことをすべて網羅しようと幅広く紹介していましたから、外出防止策も単にそのうちの一つとして捉えていました。その結果、外出防止策として、玄関扉を開けることができないようにしたこと、妻が植木鉢を置いてブロックしていたが、父はそれをきれいにどけて出て行ってしまったことなど、実際にやっていたことを書き洩らしました。

特に外出防止策については、皆でよく思い出して、どんな外出防止策を取ったか、どのように失敗したかをよく思い出して、成功したこと、失敗したことをすべて絶対に書き漏らすことのないようにされるべきだと思います。

（2）早く支援団体などに相談すべきだったこと

第一審は長く孤独でした。私たちは精神的に大変苦しい状態でした。第一審判決が出て、広く報道されるようになって初めて、いろいろな支援組織があることを知りました。認知症の人と家族の会の存在も知りませんでした。もう少し視野を広げて頼っていたらもっと楽だったかもしれないと思います。介護と同様、閉じこもらずに早く支援組織に相談することも大事なことだと思います。

今後のために

（1）介護日記や備忘録のすすめ

提案ですが、理想論かもしれませんが、介護者の方に「介護日記」をつけていただくのはどうでしょうか。詳細な陳述書を作成するためには、どういうことがあったという事実が多い方が有利です。通常の日記ですと介護者本人や家族のプライバシーなど、他人には見せたくない内容も含まれるでしょうから、いざ、裁判の証拠として出そうとすると大変抵抗もあるし、勇気も必要でしょう。提出した証拠は裁判記録として第三者に閲覧される可能性があるのですから。中身によっては相手方から反論される材料になってしまうかもしれません。

つらい介護のなかで大変ですが、可能な範囲内で、毎日の「介護だけ」をできるだけ詳しく書き残してはいかがでしょうか。いつ、どこで、誰が、どうして、どうなった、という5W1Hの要素が入っているのが一番ですが、事実だけを記した「メモ」や「備忘録」でもよいと思います。その日起きた事実だけを記した備忘録があるだけでも、相談を受けた弁護士は大変助かると思います。私たちのケースを中心に考えると、たとえば、こんな具合です。

・○時頃、外出したがったので、お茶を飲ませたら収まった。
・○時頃、○○と○○をやってもどうしても外出したがるので、付き添って○○まで歩いたら、ようやく納得した。
・付き添って買い物に出て○○ショップのトイレに行ったが、女性の私は男性トイレについていけないので、大変困った。
・今日は○回もトイレ以外の家のなかの○○で排尿した（とても臭かった）（片づけも大変だった）。
・深夜にこんな大変なことがあった（眠くてたまらない）。
・（今日はこんなことがあって）腹が立ってしょうがなかったので、トイレで「馬鹿野郎」と○回も怒鳴ってしまった。

・今日は（何時頃）一人で出て行ってしまった。○○方面や○○方面を探したが見つからず、ようやく○分後に○○方面で見つかった。
・今日は○○の会に参加して○○に愚痴を聞いてもらった。楽になった。

毎日、毎日、同じ記述で構わないと思います。本当の大変さが浮き彫りになるかもしれません。腹が立ったことを日記にぶつけて、少しでも気持ちが収まるとよいと思います。いずれにしても、あった出来事の日時を特定することは大変重要だと思います。陳述の信ぴょう性が増すメリットもあるかもしれません。ＳＮＳを利用するのも有効でしょう。

(2) 掌紋、指紋

父が亡くなった日の夜、本人確認のために警察の鑑識課員が来て大変だったと述べました。指紋は取れず、結局デイサービス施設で作ってくれた誕生日記念の色紙の掌紋（手形）で本人確認ができました。本当に助かりました。こんなことがあってはいけませんが、万一の対策として、定期的にこういうものをお作りいただくことは有益かもしれません。

（3）企業側の立場も考えてみること

今回の私たちの判決で、「監督義務を引き受けたとみるべき特段の事情があるときは責任を負う場合がある」とされ、6つの例示がなされました。今後事故が起こり、企業側の担当者が遺族と会う際には、企業側の担当者はこれを念頭に置きながら、まず、さりげなくどんな介護だったのか探ってくるとみるべきです。もし、6項目の大半に該当することになれば、企業側は回収の可能性があるかもしれないと判断するかもしれません。

企業側としては、担当者個人としてはやりたくなくても組織としてやらざるを得ない場合があります。監査法人や株主の目があります。

私は、嘘はよくないと書きましたが、こういう面談のときは、嘘をつかないまでも、はっきり言わないことも必要だと思います。面談前に6項目を読み直して、余計なことは言わないのも大事なことです。

（4）証拠の保全と、施設の管理責任

父が通って行ったであろう大府駅改札口の映像は、2週間後に消去されていました。大府駅の改札口や共和駅ホームの職員から聞き取りした調査報告書は存在しないとのことでした。

ＪＲ東海側の過失を主張するため私たちから損害賠償請求の訴訟を提起しても、立証責任がこちらにありますから勝訴は望めません。今回の父のケースのように、企業側にも落ち度があるかもしれないという場合には、いち早く映像の保全や職員の聴取などを求める対応策もあったかもしれません。職員の記憶も時間が経てば経つほど薄れます。内部告発が認められる時代ですから企業側も隠ぺいはしにくいはずですし、職員にも心ある方が多くいらっしゃいます。

寄稿　私の思う「認知症鉄道事故裁判」⑧

「『認知症の人』が地域で生きる時代へ」

宮島俊彦

Toshihiko Miyajima

岡山大学客員教授。兵庫県立大学大学院経営研究科客員教授。介護経営学会理事。1977年に厚生省入省。大臣官房総括審議官、老健局長、内閣官房社会保障改革担当室長を歴任。著書に『地域包括ケアの展望』（社会保険研究所）など。

私が本件裁判の控訴審への意見書の提出を、厚生労働省の先輩の堤修三さんから依頼されたのは、2013（平成25）年の12月初めのことでした。何しろ年内には意見書を作成しなければならないということでしたので、すぐにあさひ法律事務所に伺い意見を述べ、年内には、意見書がまとまりました。何かあわただしかったなという印象が残っています。

私が意見書の提出に関わったのは、堤さんからの依頼を受けたことがきっかけでしたが、その前から、この訴訟の名古屋地裁の判決は問題が大きいと思っていました。それは、私が務めていた元厚生労働省老健局長という立場からの意見もさることながら、まずは、私自身の家族の問題としてもこんな判決では困ることになると思っていたからです。

当時、私の義理の母は、要介護3の認知症でしたが、もう50年来の住み慣れた自宅で一人暮らしをしていました。買い物や金銭管理はできないけれども、洗濯や掃除はするし、体は元気なので、施設に入所するという状況ではありませんでした。義母の日課は、朝はヘルパーが来て、午前中だけのデイサービスに送り出してもらい、昼に戻ってきて、家で一人で昼食、そして昼寝。夕方は、車で30分ほどのところに住んでいる私の妻かその妹が出向き、一緒に食事をして、お風呂に入らせて、早く寝てねと言って帰ってくる。私や義理の妹の夫もしばしばお付き合いし、その繰り返しで在宅での一人暮らしの生活が回っていました。いろいろ不可解なことはしていたし、気になることがあると10分おきに電話がかかってきて、イライラさせられることもありましたが、それを除けば普通の人で、平和に暮らしていました。

しかし、名古屋地裁のような判決が出ると、こういうようなやり方でいいのかと疑念が生じます。たとえば、義理の母が買い物に出て、事故を起こしたりすれば、損害賠償責任を問われかねないことになります。認知症の人が自宅で暮らしている多くの家族にとって、名古屋地裁の判決は受け入れがたいものであったと思います。

厚生労働省老健局長の経験者という立場からの意見は、意見書で述べさせていただきましたし、高井さんのこの手記にも要約されています。私は、2008（平成20）年7月から2012（平成24）年9月まで老健局長を務めました。その最後の仕事が、2012（平成24）年6月の厚生労働省認知症施策プロジェクトチームの報告書「今後の認知症施策の方向性について」のとりまとめと、この報告書に基づく「認知症施策推進5か年計画」（オレンジプラン）の策定でした。

報告書では、認知症の人については「地域包括ケアシステム」の確立を目指すこととされ、認知症の人の入院や介護施設等への入所を推し進めるのではなく、認知症の人が自宅等の地域において日常生活を送ることを前提として、必要に応じて認知症の人の自立を支援するサービスを行うことのできる体制の構築を推進することとされました。名古屋地裁の判決は、この認知症施策の基本的方向に逆行するものであり、認知症の人に対する抑制と拘束、これによる身体機能の廃用が横行していた1970年代まで、我が国の認知症ケアの仕組みを退行させかねないものに見えました。幸い最高裁では勝訴しましたので、事なきを得ましたが、仮に負けていたとなると、認知症ケアの仕組みは大きく後退し、多くの認知症の人に苦しみをもたらしかねない事態にもなりかねませんでした。そのことを考えると背筋が寒くなる思いがします。

さて、国の認知症施策は、認知症の人が普通に地域で生きるという方向で、今も大きく前進しています。2015年には、早くもオレンジプランが更新され、「認知症施策推進総合戦略～認知症高齢者等にやさしい地域づくりに向けて～」(新オレンジプラン)が策定されました。新オレンジプランは、厚生労働省が、内閣官房、内閣府、警察庁、金融庁、消費者庁、総務省、法務省、文部科学省、農林水産省、経済産業省及び国土交通省と共同して策定しています。オレンジプランが厚生労働省の医療や介護分野に限定されていたのに対し、新オレンジプランはほぼ全省庁の領域にわたっており、いわば「国家戦略」という位置づけになっています。具体的には、認知症の人に関する学校教育、住まい、交通安全、街づくり、成年後見、医療同意、消防、救急搬送、経済被害対策、銀行手続、免許更新、犯罪被害対策、行方不明対策などであり、認知症の人が地域で生きていくことを前提にして組み立てられています。

また、新オレンジプランでは、認知症への理解を深めるための普及・啓発、認知症の人を含む高齢者にやさしい地域づくりの推進、認知症の人やその家族の視点の重視などが、施策推進の柱とされました。超高齢社会では、国民の誰もが認知症になる可能性があり、不安のもとになっています。だからこそ、認知症の人やその家族の声に耳を傾け、認知症になっても安心して地域社会で暮らすことができるようにしていく必要があるのだと思います。

2016年3月の最高裁の判決は、高井さんたちの家族に責任はなく、賠償責任もないとの判断でした。しかし、家族の心身の状況や介護の実態によっては損害賠償を負うこともあるとの見解を示したので、認知症の人の介護放棄に繋がりかねないという不安の声が挙がりました。他方、家族が損害賠償責任を負わない場合には、事故の被害者は泣き寝入りになるのかという問題点も指摘されました。

このようなことから、最近になって、認知症事故賠償について救済制度を設ける自治体が出てきましたし、民間保険の取り組みも進んできました。「認知症の人」が地域で生きる時代へという流れは、もはや、揺らぐことはないと思います。これも、高井さんはじめ関係の方々があきらめることなく最後まで闘い抜き、多くの理解者の後押しがあったからこそだと思います。改めて、よかったなと思う次第です。

寄稿　私の思う「認知症鉄道事故裁判」⑨

「認知症とともに生きる現実と覚悟～高井さん父子が問いかけていること」

永田久美子

Kumiko Nagata

認知症介護研究・研修東京センター研究部部長。東京都老人総合研究所を経て、2000年8月より現所属。厚生労働省「認知症の医療と生活の質を高める緊急プロジェクト」委員、「認知症の本人の意見による生きがいづくりに関する調査研究委員会」委員長、「徘徊行方不明者ゼロ作戦の構築に向けた調査研究会」委員長など。著書に『認知症の人たちの小さくて大きなひと言 ～私の声が見えますか？～』（harunosora）など。

1．素朴な問い

「認知症があっても人として当たり前に、行きたいところに行け、会いたい人に会え、無事に家に帰ってこられる社会に」。

これを理想論で終わらせずに地域のなかで実現を図る様々な試行錯誤が、１９９０年前後から国内各地で積み上げられ、２００５年４月には厚生労働省が「認知症を知り、地域をつくる10ヵ年」キャンペーンをスタートさせ、２０１２年前後は全国的に「認知症の人を社会全体で支えよう」という機運が高まっていました。

そんな矢先の２０１３年、ＪＲ東海裁判の一審の判決が出たのです。

尊い一人の生（命、生活、人生）が断ち切られてしまい、また多くの乗客に支障をもたらした今回のような事故が再び起こらないための方策を、社会全体で創り出していくべき使命を有するはずの鉄道会社、そして裁判所が、自らの立ち位置を見失い追究すべき本質をすり替えてしまった判決だと思いました。

また、その後相次いだ報道のなかには、検証も経ぬまま「認知症の人が関係した事故＝認知症だから本人が事故を起こした」と、短絡的に本人が一方的な加害者として決めつけたり、「認知症高齢者は危険」という偏見を助長するような書きぶりの記事や特集も多く見られ、時代が20年以上逆戻りしてしまったような危機感を強く感じました。

当時、素朴な疑問が湧きました。

本人はそのとき、どんな状況や思いだったのだろう？

もし本人に問うことができたなら、命を落とし、もの言えなくなった自分が加害者とみなされてしまっていること、そして懸命に介護してきた家族たちが訴えられ賠償責任まで課されている事態をどう思うのか？

2. 高井隆一さんの言葉

そんななか、堤さんから「意見書を書いてほしい」という連絡をいただいたのです。とてもありがたく、理不尽な一審判決に果敢に立ち向かっておられるご家族を具体的に応援したいと思いました。本人不在のまま、認知症の人への誤解や偏見に根差した裁判や報道が社会を揺るがしている事態を少しでも問い直すことができれば、と考えたからです。

その必要性を、隆一さんが最初に私を訪ねて来てくださったときに確信しました。

隆一さんが語ってくださったお話から、報道では知ることができなかった事実、そして高井さんがなぜ、裁判を闘っているのかの真意の一端を知ることができました。

そのときの高井さんの言葉のいくつかをこの本に記しておきたいと思います。

・なんで父が事故に遭ったのか、事故後に駅のホームに行ってみた。ホームから線路に下りるフェンスの鍵が閉まっていれば、父は線路に立ち入ることはなく、事故は起きなかったのではないか。
・二度と同じような事故が起きないようすぐ施錠すべきなのに、事故後も施錠されていなかった。何度も申し入れたが、かなり後までフェンスが開く状態が放置されていた。
・無念でならない。ようやく落ち着いて、父と母が穏やかな暮らしを送れていたのに、なんで命を落とさなければならなかったのか。
・父が、まるでひどい問題老人のような扱い。当時の父はそんな状態ではなかった。
・玄関先に出て花に水やりをしたり、外をちょっと眺めたり。そんな父のささやかな楽しみを大事にしたかった。
・和解をする方が簡単。実際に自分も母も妻も、大変なことが次々起きて、区切りを早くつけた方が楽、だけどこのままでは、父は事故を起こし社会に迷惑をかけた人という烙印を押されたままになってしまう。父は人に迷惑をかけるような人では決してなかった。
・息子としてなんとしても父の名誉を回復したい。
・今ここで頑張らないと、今後、同じような事故が起きたときの悪しき前例を作ってしまう。

・そんな判例を残してしまうことは、何としても避けたい。

計り知れない苦労をあえて負いながらも、隆一さんが訴えたかったこと。それは単に裁判の勝ち負けや賠償金の多寡ではなく、人として何を大切にしなければならないのか、苦境にあっても見失ってはならないことはなんなのか、その核心が問われているように感じました。

3．一審判決の書類の山のなかから見えてきたこと・思ったこと

隆一さんの真摯な姿勢に心動かされ、同時に自分が意見書を書くには、冷静に事実を知らなければならないと思い、これまでの経過に関する可能な限りの書類を見せて欲しいと隆一さんにお願いをしました。数日後、北風が吹くとても寒い日でしたが、隆一さんは膨大な資料が入った重たい紙袋を携えて再び会いに来てくださいました。「このなかに何があるのか」。ドキドキしながら資料一式を預かり、その日から何束ものファイルに綴じられた書類を読み込む夜が続きました。見逃せない記述がたくさんあり、付箋が増えていきました。事実経過を辿っていくと、ＪＲ東海の訴えと一審判決のなかには、看過できない誤謬があることが多数浮かび上がってきたのです。

ここでは特に重要な2点を記します。

①事実を蔑ろにし、危険を過大視

ＪＲ東海の訴え、そして一審判決では、本人が過去2回行方不明になっていたことや認知症が重度化していたこと等を根拠に、事故当時の本人は行方不明になる危険がある人とみなしており、それを前提として、家族が行方不明になることの予見や監督義務を怠ったという論理を展開していた。

しかし、事実経過をみるとその前提そのものが違っていた。確かに本人は過去に2回行方不明になったことはあったが、それらはいずれも経過全体でみると本人の認知機能の低下が進みつつあるなかで、身体機能がまだ比較的に保持されていた認知症の中等度の時期、しかも入退院や介護サービスの利用開始という本人にとっては生活の激変が続いた不安定な時期に起きていたのみである。その後は、生活や介護体制、そして本人の行動が落ち着き安定した日々が続いており、また脚力の低下もあいまって、事故発生前の1年近くは本人が一人で外出して行方不明になってしまうことを危惧する状態は家族及び介護関係者の記録からは確認されなくなっていた。

こうした事実情報が詳細に提示されているにもかかわらず、一審ではそれらに基づかずに、認知症の偏見（認知症だと問題となる行動がいつもみられる、認知症は悪くなる一方、一度問題の行動が発生するとその状態が継続・増悪する等）に満ちた論理展開をし、事故当時の本人の状態を過大に危険視していた。

司法が事実を蔑ろにした判決を下していいのか。しかも国を挙げて偏見の解消を目指しているこの時期に、それを助長してしまう判例を世に出したままでいいはずはなかった。

②人を蔑ろにした、不合理な論理

書類のなかには、本人は長年の仕事や日々の習慣、楽しみをもち、認知症を発症してからも「高井良雄」として自分を保ち、認知症の障がいと折り合いをつけながら自分なりに暮らそうとしていた記述がみられた。

一方、JR東海や一審判決は、家族が苦労して提出した詳細な書類を通じて、それらを多数見たはずなのに、良雄さんを断片的な症状や認知症の重症度、あるいは「何をするかわからない人」「危害を及ぼす恐れのある人」という見方のオンパレードだった。良雄さんを「人」としてみなしていない。

家族は、JR東海の訴状や一審判決のなかで繰り返される人扱いしない記述をみてどんなにか心を痛めダメージを受けたか、読んでいる私自身、震えが止まりませんでした。

記録によると隆一さんらは、認知症によって変化していく良雄さんがどうしたら安心して落ち着くか、どうしたら今ある力を低下させずに暮らせるのか、楽しみや自由を奪わずに見守れるのか、良雄さんがよりよく暮らせることを非常に重視した支えを長年に渡って積み上げてきた事実が多数みられました。

隆一さんたちは、家族として素朴に「良雄さんのよりよい日々」を願い、手探りしながら認知症の人の支援の核心である本人本位の支援、自立支援、希望と尊厳ある暮らしの支援という極めて合理的な支援を自然に編み出していたのです。そして本人が望む住み慣れた家での暮らしを支える覚悟を決めました。

一方、ＪＲ東海や一審判決は、ご家族が理にかなった介護を懸命に積み重ねてきた足跡を一顧だにせず、チャイムの設置も含め24時間の監視と監督責任を求める不合理で非人間的な要求を繰り出している論理に、唖然としました。

本来、ＪＲ東海は人の命や暮らしを日々支えている国内有数の公共交通事業者として、今回の事故を機に高井さんのご家族に学びながら改善を図っていくことが会社にとってもはるかに有益であるはずなのに、なぜ、ここまで家族を追い込んでいったのでしょうか。多くの乗客や会社に損害を与えたことの賠償を求めたという理屈や、認知症への基本的理解不足といったことでは説明のつかない暴力性を感じます。

こうした認識や姿勢のままでは、事故がまたいつ起きてもおかしくはありません。JR東海の最前線で働く職員は、日々、認知症かもしれない乗客に接し、多忙ななかでも人を大切にし、安全と信頼を守ろうと日夜努力を積み上げているだろうに、前線から遠いところで人を蔑ろにして理不尽な論理で押し通そう、押し通せると考えている人たちがいることが怖しいとも思いました。

また、一審判決を下した裁判所が、JR東海の不合理な論理を認め、良雄さんが自分なりのひとときを過ごしたり、玄関先に出て掃除や花の水やりなどの習慣ごとを続けていることなども危険とみなし、24時間の監視を求めたことは、家族にとって現実不可能な負荷であると同時に、認知症の人が狭まりゆく生活のなかでかろうじて維持している自由や生きがいを奪うことでもあります。

裁判所（裁判官）は国民の人権を守る砦のはずが、認知症とともに生きる人の人権をあまりにも軽んじている、いやそれ以上に認知症の人の人権という観点を持ち得なかったのではないか、と思わざるを得ません。

4. 意見書

以上のような点をベースに私は意見書で、事故当時の良雄さんについて①行方不明が危惧される状態は確認されなくなっていた、②「他者に危害を及ぼしかねない」行動ではなく人として当たり前の行動を取っていた、③自宅前空間に出る行動は、状態の安定維持に重要であった、また当時の家族について①行方不明の予見性は困難、②良雄さんが第三者に危害を与えることの予見性の困難、③家族による介護体制や行方不明対策、事故発生後の対応の正当性等を記しました。

なお、良雄さん本人の代弁そのものにはなり得ませんが、認知症当事者の声（自分自身をみてほしい、世の中の偏見をなくしてほしい等）を意見書に前半に記しました。

5．本人と家族の声を起点に、現実に向き合う覚悟と前進を：社会への宿題

①声を挙げる勇気を

最高裁の逆転判決の一報を耳にした時、隆一さんの長年の労がようやく報われた、と心底嬉しかったです。逆転判決の意義はもちろん大きいですが、そこに至る過程で家族が理不尽な大企業や司法に屈せずに声を挙げ続け、その声を最高裁が認めた、という経緯が非常に重要だと思いました。

認知症とともに生きている全国の本人や家族、それらの人たちを日夜支えている介護・医療の職員たちのなかには、理不尽なことがまだ多くあるなかで、声を挙げることさえ思いつかずにもがいている人たち、声を挙げたくても挙げられない人た

ち、声を挙げ切れずにあきらめている人たちが夥しく存在しています。

隆一さんは、『現場にいる人が声を挙げよう』、『現場から発信しない限り、それを体験したことがない社会の人たちに真実はわかってもらえない』、『あきらめずに声を挙げ続けることで、活路が開ける』という貴重な先例を創り出してくれたのです。

今後は、家族や支援関係者、そして認知症の本人自身が、自らの体験や苦悩、希望についてありのまま素朴に声を挙げていくこと、そしてその後押しや声を挙げられる環境づくりがまず必要です。

②本人・家族とともに創り出す：形骸化させない

認知症の人が生きる現実・本人とともに暮らす現実には厳しいことも多くありますが、隆一さんら家族がなし得たように、過酷さから目を背けず、覚悟を決めてその渦中に足を踏み入れることで、やるべきことやできることが具体的にみつかっていきます。また、現実を直視していくと、厳しい点だけではなく、認知症とともに生きていく人が秘めている思いや力の豊かさ、日々のなかの楽しさやよりよく生きていける可能性もみえてきます。

論じてばかりではなく、できることを実際にやってみることで現状をよりよく変えていく工夫のあれこれが生み出されていくのではないでしょうか。

最高裁判決後、支援関係者や行政、そして多分野の人たちが、行方不明を防いで安心して外出できる地域づくりについての討議や仕組み作り、機器の開発等が活発になりつつあります。しかし、本人不在、家族不在のまま進められてしまっては、本人・家族らにとって真に有効なものにはならず、形先行で形骸化したり、不要なものや必要以上に重装備のものがつくられてしまう恐れが現実に生じています。

救われる命を救い、本人と家族が安心・安全に暮らせる地域社会をできるだけ速やかに効率的に創り出していくために、あらゆる分野・段階での取り組みに、認知症の本人と家族の参画を図っていくことが、今後の重要課題です。

③社会の文化（思考・価値観）を創る：一人での外出が当たり前な地域社会に

最高裁の判決文は、一審、二審にくらべて認知症に関する偏見や不適切な用語の使用がかなり改善されました。

しかし、問題行動や無断外出といった記述も見られ、認知症とともに生きていく人たちの生き方・支え合い方を社会がどう考えているかが問われます。司法関係者のみではなく、あらゆる分野の人たち、超高齢者社会というこの同時代を生きている私たちすべてに問われていることだと思うのです。

一人暮らしや高齢夫婦の世帯が増え、高齢者が家族と同居はしていても密な関わりを持てる家族は限られてきました。これからの時代、誰もが安心して暮らし、家族という大切な関係が保たれていくためには、『認知症があっても一人で自由に外出ができ、無事に家（住まい）に戻ってこられることを当たり前とする考え方や価値観を社会全体で醸成していくことが不可欠です。

④社会全体で覚悟を決める：悲劇を繰り返さないために

行方不明の問題は、国内で問題になり始めてからすでに40年以上が経ちます。事故が起こると大きく取り上げられるのに、すぐに下火になり、そのなかで次なる悲劇がまた繰り返されています。

高井さん家族が切り拓いた今回の最高裁判決を機に、社会全体でリスクを直視し、リスクをともに分かち合う覚悟が必要です。国や自治体、警察、企業等は、「一人歩きができる地域づくりを進め、行方不明を限りなく減らす、行方不明が出ても無事に家へ」という明確な目標を掲げて、年々着実に取り組みを進めていくことが切望されます。

大きな仕組みづくりも必要ですが、まず国や自治体が推進組織を設置し、実質的な取り組みを積み上げる、交通機関が危険個所を一つでもなくす、マスコミが安心して外出できる町づくりの具体例をシリーズで紹介するなど、それぞれの立場だからこそできることがあるはずです。

来年、再来年、そして3年後はどこまで進んだか、高井さんご家族、そしてあの世の良雄さんにいい成果を報告できるよう、私も各地の仲間たちとともに力を注いでいきます。

寄稿　私の思う「認知症鉄道事故裁判」⑩

「認知症者による事件事故に対する社会的対応」

堤 修三

Shuzo Tsutsumi

1948年長崎市生まれ。1971年厚生省入省。厚生省介護保険制度実施推進本部事務局長、厚生労働省老健局長、社会保険庁長官などを務める。2003年退官。その後、大阪大学大学院教授を経て、現在、長崎県立大学特任教授。
著書に『介護保険の意味論』（中央法規出版）、『市民生活における社会保険』（共著、放送大学教育振興会）など。

この裁判に関して私がしたお手伝いは、高井さんが本書で書いておられる通りで、簡単に永田久美子さんと宮島俊彦さんをご紹介したに過ぎませんが、この間、裁判の過程を追うなかで、認知症者による事件事故について個別の損害賠償訴訟に任せておいていいのかという疑問は一貫してありました。高井さんの裁判は幸いにも最高裁で勝訴し、全国の認知症介護関係者を一安心させましたが、最高裁判決でも介護家族等が法定監督義務に準ずべき者にあたるか否かについて6つの要素を掲げ、家族等の介護の態様等によっては法定監督義務者としての賠償責任を負う余地があることは否定されていません。今後も個別の損害賠償訴訟で争われるケースは出てくると思われますが、それ以前に、裁判によらずとも事件事故の被害者や関係者に対応できる社会的な仕組みが欠かせないのではないかと思います。今後の認知症高齢者の急増という事態を踏まえると、個別の損害賠償訴訟に委ねるのでは、介護関係者も不安でしょうし、認知症者の人権という観点からも好ましくない事態が予想されるからです。

裁判の過程では認知症者による事件事故に対し公的な保険制度による対応を求める声もありましたが、新たに特別の公的損害賠償(補償)保険を設ける場合はもとより、現在の公的介護保険のなかで要介護認知症高齢者の行為による被害者への賠償(補償)まで給付とする場合も含め、強制的に保険料拠出を求められることに被保険者の理解を広く得られるとは思えません。第三者への賠償までなぜ肩代わりするのか、保険者としては加害者に求償すべき場合もあるのではないかという議論も出てくることでしょう。介護関係者にとっても、その給付を受けるには、賠償責任を認めなければならないこととなれば、今回の最高裁が賠償責任の成立を限定的に考えたことと逆行してしまうことになります。これは、最近売り出された、認知症者の加害責任に関する特約つきの民間損害賠償保険による対応においても共通する難点ではないでしょうか。あるいは犯罪被害者給付金と同様、公費による給付制度の提案もあるかもしれません。この場合、損害賠償責任の成否は問わなくても済みますが、他にも数多くある責任無能力者の行為による被害救済との均衡は問題として残ることになります。

私が考える認知症者による事件事故に対する社会的対応の仕組みを考えるポイントは、次の４つです。

①介護者の法的な損害賠償責任の認定を前提としないこと。
②オレンジプランなど従来から進められてきた地域の認知症高齢者対策との連携を重視すること。
③介護家族のみならず、介護事業所の見守り責任が問題とされる場合も含むこと。
④認知症高齢者を独り歩きの事故により喪った介護家族も対象とし得ること。

具体的に考えられる方法の一つは、介護保険において市町村の任意事業として認められている地域支援事業のメニューとして、要介護認知症高齢者による事件事故の被害者に対する見舞金支給事業を加えることです。任意事業ですから、実施するか否か、事業内容をどうするかは市町村とその被保険者住民の判断に委ねられます。おそらくオレンジプランなどに積極的に取り組んでいる市町村から普及していくのではないでしょうか。地域住民主体でオレンジプランに取り組んでいるからこそ、事件事故に至ってしまった場合、地域社会として見舞金を出そうというコンセンサスも得やすいだろうと思われます。事業実施も住民自治の観点から、住民主体の会議体を作って行うことが望ましいでしょう。見舞金を支給するか否かは、基本的には、その会議体で議論して決められることになります。そこでは、家族や事業者に法的な責任が認められるか否かにかかわらず、市民感覚で判断されることになるでしょう。見舞金の支給基準はせいぜい多くとも300~500万円程度までというイメージをしていますが、保険料と公費を財源とする以上、その判断は慎重に行われなくてはなりません。もちろん、この見舞金支給によって個別の損害賠償訴訟が妨げられることはありませんが、闇雲な訴訟提起に対する緩衝剤になることは期待されますし、万一、訴訟が提起された場合でも、賠償金額の算定などに一定の影響を与えることも考えられます。

従来の損害賠償裁判では論理が許す範囲内で被害者救済に意を用いた判例が積み上げられてきました。しかし認知症者が急増し、その事件事故も社会的な広がりを持ちつつある現在、個別の損害賠償に頼るだけではなく、このような社会的対応の仕組みが不可欠であろうと思います。

第十章

私の父、家族

父の生い立ちと、兵役

父は、１９１６（大正５）年８月、当時の愛知県知多郡大府町大字共和字北山の、通称「池田」と言われていた地区で、農業を営んでいた父高井新吉・母もとの７男として生まれました。生きていれば、２０１６（平成28）年８月でちょうど１００歳でした。

農家の７男ですから、当時は自分で途を切り拓いて行かねばなりませんでした。昭和７年、大府農商学校を卒業しましたが、不景気で仕事がなく、愛知県の失業対策事業の土木工事に人夫として従事し、日給90銭、弁当持参だったといいます。

このような状況から、父は満州開拓団やブラジル移民も考えましたが、折からの兵士不足に対処するため創設された志願兵制度への応募を勧められ、資格の整う17歳を待って軍人になるため、自ら志願兵に応募、合格しました。

３ヵ月後に入隊の知らせが届き、池田の隣の地区である追分・藤井神社でお祓いをし、共和駅より出征しました。後に、父が命をおとすことになる、あの共和駅です。共和駅は父の生家から最も近い駅でした。

母・もとは兵役志願に大反対でした。父の妹は、当時のことをこう言っています。「お母さんは兄《あに》さんの志願には反対でした。憔悴した様子で、ご飯も食べないでいました」

「兵隊検査に行くと言ったらおふくろが怒って、怒って。すぐ取り下げてこい、と大声で怒鳴られたことを忘れない。私が役場に行って断ってくる、と言って聞かなかったなあ。おやじは黙って何も言わないでねえ、最後には行ってこい、と言ってくれました。駅でおふくろがおいおい泣いてねえ、かといってねえ。何度か満州に手紙をくれました。嬉しかったねえ」と父は言っていました。

万一戦死しても両親には扶助料などが支給され、親孝行ができる、との覚悟だったようです。満17歳だった1933（昭和8）年12月に、関東軍独立守備隊に配属、南満州鉄道などの輸送安全確保業務に従事。零下20度、浴場から兵舎までの300メートルでタオルが板状に凍るなかで、寒中訓練がつらかった、と述懐していました。

その後、1938（昭和13）年に航空兵に転属、埼玉県所沢市にあった陸軍航空整備学校に第11回生として入校した後、1939（昭和14）年、熊谷陸軍飛行学校教育隊に助教として配属。戦火はますます広がり、少年航空兵の訓練機も特攻機として使用されることになり、鹿児島県金谷飛行場へ訓練機を何度も空輸したそうです。

この間、重爆隊に転属、搭乗していた重爆撃機が満州に不時着、10日間、雑草を食べて命をつないだことがあり、晩年になってもときどき夢を見る、と言っていました。

父の療養生活

父の軍人生活は、熊谷時代に陸軍航空士官学校に合格するなど順調でした。

しかし、1943（昭和18）年、父は軍用機乗務時の急激な機内温度変化のためか肺結核を発症し、士官学校入校を辞退、熊谷陸軍病院に入院し、結局退役しました。その後の戦況悪化で、助教だった同期生は、大部分が特攻機編隊長として戦死されており、病気となったことが父を救うことになりました。

その後、故郷の愛知県大府市にあった、傷痍軍人愛知療養所に転院しました。この療養所は、戦後、国立愛知療養所となり、その後国立療養所大府荘と統合し国立療養所中部病院、さらに現在は国立長寿医療研究センターとなり、認知症研究の第一線の組織になりました。

父は、上記の転院で初めてここにお世話になりましたが、その後数回入院した他、晩年、認知症を患い、認知症専門医・遠藤英俊先生に受診するなど、繰り返しお世話になりました。つまり、父の、生涯のかかりつけ病院となったのです。

また父は、傷痍軍人としてこの療養所に初めて入院した際、生涯の恩人に出会いました。同じ病室に入院していた、酒井政雄さんです。酒井さんは愛知県半田市亀崎で広く不動産業を営んでおられ、見舞いに来た酒井さんの父・角一氏に強く勧められたこともあり、父は後に、酒井さんの指導と支援を受け、父の生涯の職業になった不動産仲介業に転身することになります。

母のことと結婚、農協での活躍と挫折

父は退院後、三菱航空機製作所に就職、完成した飛行機の初回飛行試験の業務に就いた後、大府市長草町にあった工場に自宅から通うようになりました。

母・登志子は1922（大正11）年に当時の愛知県知多郡横須賀町に、父、江口陣蔵・母のぶの次女として生まれました。父・陣蔵は歌会に通うなど短歌をたしなむ風流人だったとのことです。姉・きよの援助もあって、母は愛知県立女子高等師範学校を卒業、愛知県知多郡上野町名和国民学校高等科の教師となっていました。

父は児童を引率して勤労奉仕に来ていた母と出会い、1945（昭和20）年3月30日、父の自宅で挙式を挙げ結婚しました。空襲警報が発令され、配給された清酒も飲むことができなかった、と。父28歳、母23歳、二人はたまたま誕生日が同じ8月1日でした。

父母は、父の実家のすぐ隣に新居を構えました。昭和22年、父は大府町農業会（後に協同組合）に勤め始めました。母は大府町立共長小学校に転勤しました。同年から9年間の間に女子3人、男子2人の計5人の子どもに恵まれました。

長女は早くに亡くしましたが、次女は子どもに恵まれなかった母の実家に養女に行

き、私たちは長男の私、妹、弟の兄弟3人で育ちました。母は子育てのため退職、田畑を耕作し乳牛を飼ったこともありました。母は慣れない農作業に精を出しました。

この頃父は、メグロのバイクに乗っていて、父の妹によると、朝父が出掛けるときには、バイクのパンパンという大きく鋭いエンジン音が嫁ぎ先の、父の住居から少し離れた横根という地区まで聞こえたそうです。父はバイクに絞った牛乳を入れた缶を縛りつけて、集配場まで運んだそうです。

当時、父が勤めた大府町農業会は施設の新設・増築に乗り出しており、父は庶務職員として、かつて勤めていた三菱から材木や瓦を安く払い下げをうけ、これらの建設に利用しました。また、名古屋市から肥料にする糞尿を運ぶため、三菱所有のタンクローリー（ガソリン）の払い下げを受け、改造して糞尿トラックを作ったりして活躍しました（大府町農業協同組合史）。

1949（昭和24）年3月には、父は、鈴置理樹雄組合長の下、専務理事に選任されました。1951（昭和26）年には組合長が県議選に立候補し当選、父は農協経営の中枢を担うことになりました。

しかしながら、農協管理下に置いて再建を図った2社の経営不振が続き、様々な対策も奏効せず、農協の融資が固定化、ついには1959（昭和34）年3月、金融部の払い戻し窓口に人の波が殺到し取付け騒動に発展しました。

すぐさま再建がスタートしましたが、組合長は「その責任を負い、組合長辞任とともに一切の公職を辞し、全財産を整理拠出し、光善寺内に移住、以後農業に従事しながら農協再建を祈念した」（大府町史）。

父も組合長と同様に、役員として経営責任を取りました。家族５人は父の妹宅と母の実家にばらばらで転居して生活することとなりました。欠損金２億円の13％を56名の役員経験者が負担することになりましたが、父の賠償金額は組合長を上回る最高額でした。たくさんの方々に大変な迷惑を掛けました。関係者の必死の努力で農協は再建を果たしますが、父が手掛けた澱粉事業の収益が、早期再建に大いに貢献したことがせめてもの救いでした。

晩年、「農協では汗水たらして一生懸命仕事したが、周りの技術革新に勝てず、やることなすことすべて駄目だった」と言っていました。79歳のときの家族旅行の際、農協での挫折と、その後順調にいった不動産仲介業を振り返って、「人間はいくら一生懸命にやろうと思ったって、時代の趨勢に反したことをやっていたのではだめだ」と話していました。

この間、父は様々な人たちと巡り会いました。

1953（昭和28）年には、後に農協再建を主導し、東知多農協組合長などを務められた深谷泰造さんが入所されました。一旦入所辞退を決断された深谷さんがその旨を告げに農協を訪れた際、父が「今日は一人で何だネ」と声を掛け、辞退を撤回するきっかけになったり、入所後深谷さんを「東京の協同組合学校に行かないか」と推薦したりしたこともあったようです（深谷泰造さんの著書「世界健康半島を夢見て」）。

父は深谷さんのことを大変信頼しており、父が認知症を患った後、父の口からは何度も深谷さんの名前が出るようになります。

また、父は、愛知用水路の導水事業を貫徹させた浜島辰雄さんと親交を深めています。愛知用水はため池灌漑が中心で、度々の大干ばつ、水不足に悩んでいた知多半島全域に、木曽川の水を引くという大プロジェクトで、知多半島の農業用水、工業用水事情が劇的に改善されるなど、歴史的な国家的事業でした。活動が始まり調査活動中の1948（昭和23）年7月26日には、大府農協で、愛知用水の生みの親である久野庄太郎さん、浜島さんと鈴置組合長、父ほかで慰労会を開催しています。慰労会の様子を浜島さんが「私が図面に基づいて、いままでの経過を説明し、久野さんが感想と感謝の言葉を述べた。酒が腹わたに滲み込んで、知らず知らず涙が溢れてきた。私は皆様の心を感謝しつつ自宅に帰った」（浜島さんの著書『愛知用水と不老会』）とされています。

浜島さんは安城農林学校教諭を務めながらの自弁による活動でしたから、父は積極的に支援していました。その後、事業は具体化していきますが、苦難の段階の慰労会でした。世紀の大事業を成し遂げることになるお二人の当時の苦労がしのばれるやりとりです。父は晩年まで浜島さんと交友を続けました。

大府農協には1949（昭和24）年に婦人部が設立され、農家の近代化を担いました。昭和26年〜29年までの2期4年間、青山よしゑさんが部長を務め、父の専務理事時代を支えてくださいました。青山さんは父・青山浅之助さんの時代から桃農園を営んでいる方でした。大府には「桃山町」という地名がありますが、その名の由来通り、昭和の初めその一帯は、陽春の候には桃の花で一面に赤いじゅうたんを敷きつめたようであったそうです。時代が変わり、今は、桃は桜やぶどうに代わりましたが、青山さんは四面楚歌のなか、数少ない理解者として変わることなく、生涯父と交流していただきました。今でもご子息・郁博《いくひろ》さんとはお付き合いが続いており、私は郁博さんの勧めで、彼が会長を務める老人クラブ「大府長寿会」に加入しました。

不動産仲介業への転身

農協を追われるように去った後、父は、前述の酒井政雄さんの指導を受けて不動産仲介業に転身しました。無一文でしたが、昭和38年には酒井さんの支援により、大府駅裏の奥まった場所に転居して駐車場・駐輪場も併営しました。父の念願だった駅近進出の第一歩でした。私が中学校に入学した年でした。

父の宅地建物取引業者免許証番号は、愛知県知事第76号で、父は業界の先駆者でした。その後は、不動産仲介を中心に、時代にも恵まれ、農協時代のつてもあって事業は順調に推移、生涯の職業となりました。親切で丁寧な仕事を続けており、地域の人のために働いていました。

私は父の跡を継いで不動産事務所を再開した際、事務所を整理していて、父が残した仕事上の書類をたくさん見ました。当時はまだコピーではなく、カーボン紙を使って文書を複写する時代でした。記されていた内容は的確、本当に親切に堅実な仕事ぶりで、父を見直しました。当時は、何を頼まれてもわかった、わかったと対応する父を私たちはお人よしだと思っていました。そんな父でしたから、地域の皆さんにも理解されたせいか、後日、「思った以上に成績が上がった」と振り返っていました。

私は、裁判手続き中の2014（平成26）年末で定年退職し帰郷しましたが、その翌年、父の跡を継ぎ不動産事務所を開設しました。かつて父が営業していたのと同じ場所で同じ不動産仲介業を始めました。家族はこれを聞き「父が一番喜んでいるよ」と言ってくれました。開業の際、取引業協会に加入する必要があり、私が加入した協会は既会員の推薦が必要でした。私は躊躇なく酒井さんに推薦をお願いしました。酒井政雄さんは既に亡くなり次男・宏禎さんが跡を引き継ぎ、さらにご子息の時代になっていましたが、快く承知していただきました。

父との思い出

父は、昭和38年から亡くなるまでの約43年間、大府駅近くの同じ自宅建物で暮らしました。明るい性格で、冗談を言って周りを笑わせるのが得意でした。

私が高校に入学するときには、父母は腕時計やコートを買ってくれました。私はコートを着て大人になったような気がしてとても嬉しかったことを覚えています。父は私が高校生の頃はまだバイクに乗っていました。私は、借りて運転を練習し、高校二年生の冬休みに自動二輪運転免許を取りました。父はそんな私を見て笑っていました。

自転車預かりは年中無休でしたが、間を縫って、名古屋市吹上ホールで開かれた中国展に連れて行ってもらった記憶があります。中国の物産はまだ珍しい時代でしたが、父は若いときに過ごした経験から興味があったのでしょう。

生きていくために、父は豆腐工場から出るおからを酪農家に配る力仕事もやりました。

母は父の業務の経理を担当して、副業も含め、いつも処理に苦心していました。贅沢はできず、ようやくバイクを乗用車に変えましたが、いつも中古車を買っていました。車は女子事務員を一人雇うのと同じだ、といっていました。質素な暮らしぶりで、いただいたきれいな食器は大事にしまって、いつもの使い慣れたものばかり使っていました。

父は体調維持にも気を使っていました。漢方薬を買い求め、服用していました。心不全で入院し、摂取カロリーの制限を受けたことがあり、母が大きな紙に摂取可能な内容を大書して食堂に貼っていたことがありましたが、父は大人しく母の指示に従っていました。

毎年正月には、熱田神宮と豊川稲荷の両方に参拝するのが習わしでした。孫と一緒に行ったこともありました。父母は兄弟旅行を長く続けていました。自宅にはたくさんのお土産や写真が残されています。軍隊のときの仲間を大事にして、ＯＢ会の幹事などもやっていました。仲人も何組もやり、檀家の地区総代も長く務めていました。

私は、東京勤務になった後、お盆や正月などには帰省するように努めていましたが、父は頻繁に手紙をくれました。お酒は強くよく飲みました。罪のない酒はうまいなあ、というのが口癖でした。よく食べ、よく飲み、なかなかエネルギッシュな父でしたが、明るい酒で、酔っても暴力を振るうことはありませんでした。私は父に一度たりとも叩かれたりした記憶がありません。

母のいま

母は95歳になりました。

腰が大きく曲がり、慎重に歩行する必要があり介護を受ける状態ですが、元気に暮らしています。

第一審判決のときは新聞を見て「これは私のことだ」と、サインペンでしるしをつけていましたが、最高裁判決の頃になるとあまり興味を示さなくなりました。年齢なりの衰えが感じられます。

しかし、身体に特に悪いところはなく、どこへも通院もしていません。デイサービスに通い、自宅では愛犬と叙情歌を楽しみ、毎日をゆっくり過ごしています。本当にありがたいことです。

私は母に「転倒はいけない。ゆっくり歩け」と口を酸っぱくして言っています。だから、家は手すりだらけです。また、風邪をひかせないように注意しています。我が家では「母は100歳」が目標です。

私（長男・隆一）のこと

長男の私は、地元大学卒業後、信託銀行に勤めました。いずれ父の不動産業を継ぐかもしれないとゼミの教授に相談したところ、不動産業務を併設している信託銀行を勧められたのが入社の経緯でした。最初の10年は愛知県下の支店に勤務し、妹の同級生だった妻と結婚しましたが、その後、東京の本部に転勤になりました。

私は、横浜に住んで、東京に通いました。東京では思いがけず高い評価をいただき、別の建設会社に転籍するまで21年間、ずっと信託銀行の本部に勤務し、バブル崩壊などで忙しく大変でしたが、充実した銀行員生活を送ることができました。貸出金の管理・回収業務を担当していたときには多くの弁護士と知り合い、裁判所にも行くなどの経験をし、貸出部門の企業法務の担当者として働きました。ある銀行との合併交渉に際して審査部門の責任者として対応したことがあり、後日、相手方銀行経営者の特別背任容疑捜査の一環として東京地方検察庁の検事から呼び出され、参考人として事情聴取されるなどの経験もしました。このような経歴でしたので、法律的な請求や裁判手続きについては一通りの知識と経験がありました。

私は信託銀行最後の2年間、ようやく念願の不動産業務に就き、転籍した先の建設会社でも12年間不動産・都市開発の業務に携わったので、計14年、不動産業務に携わりました。

本件の、ＪＲ東海からの損害賠償請求は建設会社に勤務していた平成20年から始まり、裁判は、平成22年に提起され、平成28年まで続きました。ＪＲ東海との裁判だけは常に大きな心の重しとなって私にプレッシャーを与え続けていました。

帰郷後、父の跡を継ぎ、不動産事務所を再開しました。お客様には「不動産として保有していた方が相続対策としては有効です」などとアドバイスしてしまいますので、売買を成立させて手数料をいただく不動産仲介業者としては失格です。なかなか商売になりませんが、今まで培った経験を活かして、地元のアドバイザーとして地域に奉仕するつもりです。

また、父がかつて加入していた大府商工会議所、大府中央通商店街振興会、老人クラブ「大府長寿会」にも加入しました。地元とのつながりも大切にしていきたいと思っています。

ただ、父母が長く過ごした自宅兼事務所は、ガス、水道が漏れ、老朽化が目立ちました。駅前再開発の構想も頭に置きながらこれを建て替えて、次世代に引き継ぐことにしました。施工は父の代から関係の深い地元の(株)花井組に頼みました。父も応援してくれていると思います。

他の兄弟姉妹のこと

幼い頃、母の実家の養女となった姉は結婚して幸せな家庭を築きました。普通の親戚以上の頻度でお付き合いがありました。母の実家の横須賀町植松地区ではお祭りがあり、私たち家族全員が毎年遊びにいきました。立派な神輿の出るお祭りで、私たちは楽しみにしていました。しかし私が小学三年生だった１９５９（昭和34）年９月26日の祭礼の日は、たまたま超大型の台風の直撃を受けることになりました。甚大な被害がでた伊勢湾台風でした。小さな私は腰まで水に浸かって避難した記憶があります。この様子を書いた作文が小学校で表彰されました。

姉は、あくまで養家中心の暮らしでした。家族の誕生会の都度、父母を招待してくれていました。

妹も結婚して家を出て、幸せな家庭を築いていましたが、父母の自宅から車で10分くらいの近い場所に住んでいましたから、父母と関わり合いを多く持っていました。また、平成11年から大府市にある介護施設で働き、介護福祉士となり、認知症サポーター養成講座も受講していましたし、私の妻と高校の同級生で同じクラブ活動をしていた仲でしたから、父の認知症発症後も気軽に実家に出入りし、豊かな介護業界での実務経験から様々なアドバイスをしてくれました。

弟は大阪の大学に進学して以降は、東京地区や海外で暮らすことが多く、たまに実家に顔を出す程度になっていました。裁判が始まったときはドイツ・ミュンヘンに住んでいました。父母は弟からの手紙を大変楽しみにしており、たまに到着するとたいそう喜んでいました。

裁判では、小さい頃に養女にいった姉、当時ミュンヘンに住んでいた弟までもが提訴されました。家族には訴訟で時間的にも精神的にも大変な負担を強いることになりました。

毎日の生活が成り立たないという家族、自分の責任だと自らを責め続ける妻。それらを押し切って、私は自分の意見を押し通しました。もし負けていたら一体どうなっていただろうか——考えると背筋がぞっとする思いです。

家族には本当に感謝するばかりです。

今は勝訴の重みを感じながら、父を思い、家族を思い、支援いただいた方々に心から感謝して毎日を送っています。

あとがき

最高裁判決からもう2年、早いものです。今、裁判のことを振り返りますと、本当に翻弄され続けた8年間でしたが、あっという間だったなあ、とつくづく思います。

私たちは裁判で「認知症サポーター100万人キャンペーン」の資料を証拠提出しましたが、今やサポーターは880万人、1200万人が目標となっています。

一方で2016年には1万5千人の認知症の人が行方不明になっています。更に、認知症の高齢者は2025年には700万人になるとの厚生労働省の推計があります。

父が認知症を患ってから17年、亡くなってから10年経ちましたが、認知症の今までと、これからを考えるとき、父の事故はまだまだ序盤戦で起きたのではないでしょうか。認知症の問題はこれからが正念場、本番ともいえるのではないかと思います。

そのようなときに、認知症の人たちが安心して地域で過ごすための礎となる、貴重な判例を世に送り出すことができました。本当によかったと思います。

ちょうど、リニア着工が報道されています。しかし、JR東海の対応に対して、長野県知事や静岡県知事が批判する事態が発生、柘植社長が釈明を繰り返しています。

私にはその釈明の内容がどこかで聞いたのと同じようだなあ、と感じました。相変わらずの体質が感じられ、私の懸念は続きます。

私は、介護の経験もし、裁判の当事者として、貴重な体験もしました。たくさんの方々がひどい判決だ、と大きな声を挙げていただいたおかげで逆転判決となったという感謝の気持ちから、自分の経験について講演の依頼があれば可能な限りお引き受けしています。

２０１６（平成28）年６月には京都で行われた認知症の人と家族の会総会で初めて氏名を公表して講演しました。その際、石川県支部長の鈴木森夫さんから声を掛けられ、彼が大府市出身で私の中学・高校の一年後輩かつ吹奏楽部で一緒だったことがわかりました。50年ぶりの再会でした。その彼が後日、お世話になった高見国生代表理事の後任となったと聞き、二重の驚きでした。これもご縁ですね。

私は、迷って困っているような人を見かけたらお声掛けするようにしています。いざやってみるとこれがなかなか難しいことがわかりました。街なかを歩いている人が認知症の人かどうか、短時間で見極めることは大変難しいと思います。父も短時間なら認知症であることを悟られないようにうまくしゃべっていましたから。そこで、今は、静かに「今日はいい天気ですね。どこにお出かけですか」とお声掛けして、じっと反応を見守るようにしています。

「徘徊」という言葉については、先述しました通りで、私は「一人歩き」という表現が適切だと思っています。しかし本書でもそうですが、報道、法律、医療の世界では他に適当な語句が見当たらないとして「徘徊」を使っています。

ところが最近、「障がい者」と同様「はいかい」とひらがな表記したり、この語句を使用しないで表現をしたりしている事例を見るようになりました。本書でも何人かの方が使用されていません。私と同じ思いの、介護現場で働く人たちの実感が反映されつつあるのではないか、と思っています。最低でもひらがな表記にして欲しいと願いながら、私は今後もそれらしい人を見かけたら、お声掛けを続けていきます。私自身も国立長寿医療研究センターの提唱する「コグニサイズ」などにより、認知症の予防にも心掛けたいと思います。

最後になりましたが、裁判を支援していただいた多くの方々、本書の実現にお力を貸してくださった方々に、心より御礼申し上げます。ありがとうございました。

２０１８年３月　高井隆一

著者プロフィール
高井隆一（たかいりゅういち）
1950（昭和25）年、愛知県大府市生まれ。1973年、中央信託銀行（現三井住友信託銀行）入社。取締役審査部長、執行役員不動産業務部長などを歴任。2008年、認知症だった亡父の鉄道事故に関しＪＲ東海より損害賠償請求を受ける。2010年、提訴され、裁判の被告となる。2015年、愛知県大府市にて亡父の跡を継ぎ不動産事務所を開設。2016年、亡父の鉄道事故に関し最高裁にて逆転勝訴判決を得る。

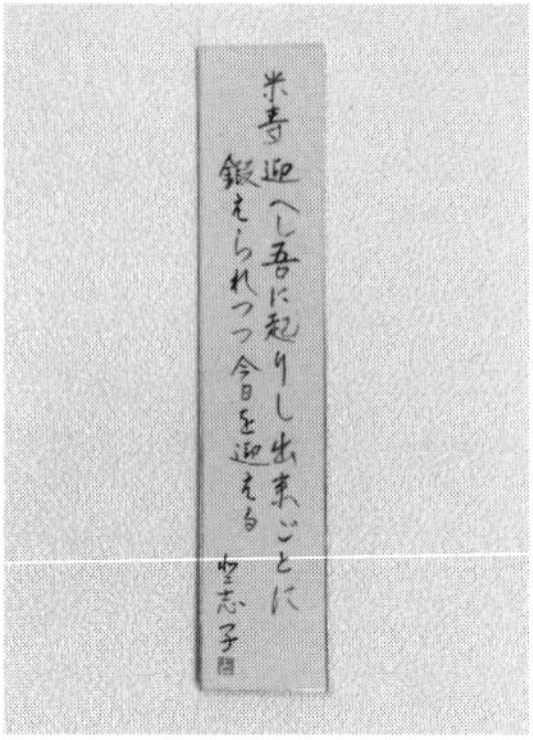

認知症鉄道事故裁判
――閉じ込めなければ、罪ですか？

2018年4月13日　初版第一刷発行

著者　高井隆一

カバーデザイン　片岡忠彦
本文デザイン　谷敦（アーティザンカンパニー）
協力　銭場裕司
編集　小宮亜里　黒澤麻子

発行者　田中幹男
発行所　株式会社ブックマン社
〒101-0065　千代田区西神田3-3-5
TEL 03-3237-7777　FAX 03-5226-9599
http://bookman.co.jp

ISBN 978-4-89308-897-0
印刷・製本：凸版印刷株式会社